아이가 어릴 때
마당 있는 집에서

2년만 살아보기

아이가 어릴 때 마당 있는 집에서
2년만 살아보기

초판 1쇄 인쇄일 2013년 8월 13일
초판 1쇄 발행일 2013년 8월 20일

글·그림 김효진
펴낸이 김미숙
책임편집 박소영
디자인 박정우
마케팅 박승환, 정석환
펴낸곳 이마고
주소 413-841 경기도 파주시 탄현면 1652-299 헤이리예술인마을
전화 031-941-5913 **팩스** 031-941-5914
E-mail imagopub@naver.com   www.imagobook.co.kr
출판등록 2001년 8월 31일 제10-2206호
ISBN 978-89-97299-10-2 03370

* 값은 뒤표지에 있습니다.
* 잘못된 책은 바꿔드립니다.

9 7 8 - 8 9 - 9 7 2 9 9 - 1 0 - 2

아이가 어릴 때
마당 있는 집에서

2년만 살아보기

일러스트레이터 김효진의 전원육아 이야기

이마고 EDU
[Imago + Edu]

봄 / 자연과 만나다

여름 / 너와 내가 만나다

가을 / 세상을 만나다

겨울 / 일상을 만나다

우리 가족의 전원생활은 아이가 세 살이 되던 해부터 시작되었습니다. 모든 부모들이 그러하듯 저 또한 아이를 어떤 환경에서 키울 것인지 심각하게 고민하고 있었지요. 그런 고민은 늘 마당에서 뛰어노는 아이의 모습을 상상하는 데 이르렀고, 전원생활에 대한 막연한 열망으로 이어졌습니다. 어쩌면 당시 제가 살고 있던 곳이 홍대 앞 번화가였기 때문에 그 열망이 더 컸을지도 모릅니다. 하지만 막상 결정을 내리기란 쉽지 않았습니다. 우선 도심에 연결고리가 있던 일들을 그대로 이어갈 수 있을지, 어느 지역으로 가야 할지, 우리가 가지고 있는 자금으로 가능한지, 그리고 스스로 주택을 관리할 능력이 되는지 등등……. 수많은 걱정이 꼬리를 물었기 때문입니다. 그렇게 하루하루 고민을 쌓아가던 어느 날, 더 이상 결정을 미루면 안 되겠다는 생각이 들었습니다. 하루가 다르게 쑥쑥 자라나는 아이의 모습을 바라보며 이 시절이 다시 돌아올 수 없음을 절감했기 때문입니다.

"그래! 전원주택으로 이사 가자!"

이후 우리 가족은 시간이 날 때마다 서울을 비롯한 경기도 일대를 돌며 집을 구하러 다녔습니다. 지은 지 40년이 넘는 한옥부터 농가, 황토로 만들어진 집까지 참으로 다양한 집들을 둘러보았지요. 그렇게 6개월 여 동안 적당한 집을 찾아 헤매던 중 경기도 일산의 한 외각에서 드디어 마음속으로 상상하던 집을 만났습니다. 그리고 우리 가족은 드디어 꿈에 그리던 전원생활을 시작하게 되었습니다.

마당이 있는 집에서의 삶은 매일매일 새로운 경험과 감흥으로 가득했습니다. 자연은 몸으로 전해져 왔고 계절의 흐름과 함께 이어지는 생활은 몸과 마음을 편안하게 해주었습니다. 우리 가족은 그러한 자연이 주는 선물을 행여 놓칠세라 열심히 글과 사진, 그리고 그림으로 남겨두었습니다. 그날그날의 기록들은 우리 가족의 소중한 보물이 되었습니다. 그리고 그 보물들을 이 책을 통해 함께 나누고자 합니다. 예상치 못했던 삶의 풍요를 몸소 느끼며 아이와 함께한 전원생활에 관한 이야기, 아니 어쩌면 자연에 관한 이야기일지도 모르겠습니다. 또한 전원생활을 못하더라도 자연 속에서 살아가는 방법에 대한 이야기도 하려고 합니다. 약 3년 반 동안의 전원생활을 마감하고 우리 가족은 다시 도시로 돌아왔지만 자연 속에서 자연의 일부로 살았던 그 시간들은 아이에게도 우리 부부에게도 세상 그 무엇과도 바꿀 수 없는 소중한 재산이 되었지요.

아직도 마당에서 뛰어노는 아이의 모습을 상상만 하고 계신가요? 일단 한 번 시도해 보세요. 어쩌면 생각보다 훨씬 쉬울지도 모른답니다.

THE WAY WE LIVE
IN THE COUNTRY

*
1
첫번째
이야기

봄
자연과 만나다.

THE WAY WE LIVE
IN THE COUNTRY

이사

아직 집안으로 들어가지 못한 짐들이 마당에 가득했다.
잔디밭 위에 덩그러니 놓인 의자에 앉아 차곡차곡 쌓아올린 벽돌을 따라 시선을
옮기다 보니 파란 하늘이 눈에 한가득. 갑자기 풀냄새, 흙냄새, 소똥냄새까지 오월
의 바람을 따라 가득 몰려온다.

'시골향기⋯⋯ 이제 실감 나는구나!'

오랜 기다림 끝의 행복이란 이런 것인가. 줄에 매어놓은 아로는 밝은 표정으로
혀를 날름거리고, 이안이는 어디선가 구해온 양동이로 소꿉놀이가 한창이었다.

우리 가족의 수호신, 요조

전원주택으로의 이사가 결정되면서부터 은근히 밀려오는 걱정이 '방범'에 관한 것
이었다. 인적 드문 시골에서 담장 없이 지낸다는 것이 왠지 펄럭이는 텐트 안에 들
어가 있는 듯한 기분이 들 것 같아 뭔가 대책이 필요하다는 생각이 들었다. 그래서
며칠 고심하고 고심하다 마련한 안이 다음과 같다.

1. 담장을 만든다.
2. 방범업체에 의뢰한다.
3. 마당에 무섭게 생긴 대형견을 키운다.

담장은 집주인이 쉽게 해결해 주었고, 2번과 3번 안 중에서 고민하다 3번으로 결
정했다. '아로'가 있긴 했지만 소형견이라 집을 지킬 리 만무했다. 그래서 새로 데
려올 개의 기준을 무조건 '무섭게 생긴'으로 정한 우리는 검정 래브라도 리트리버

를 입양하기로 했다.

기다리고 기다리던 우리의 수호천사가 처음 집에 오던 날, 가족 모두 거실에 둘러앉아 이름짓기를 시작했다.

"뭐가 좋을까?"

"깜식이?"

"흑설탕?"

"블랙?"

검은색에서 비롯된 많은 이름들이 오고 가던 중 오디오에서 우리가 좋아하는 가수 요조의 노래가 흘러나왔다. 그때 이안이가 외쳤다.

"요조!"

"요조?"

"하하, 요조가 싫어하지 않을까?"

"그래! 암컷이니까 요조숙녀를 줄여서 '요조'라고 해도 좋겠네. 부르기도 편하고."

그렇게 해서 우리의 수호천사는 '요조'라는 이름을 갖게 되었다. 이안이는 제가 지은 이름이 마음에 들었는지 혀 짧은 소리로 요조를 부르며 귀찮아할 정도로 따라다녔다. 이후로 요조는 3개월도 안되어 우리가 의지하고도 남을 정도로 자랐고, 매일 보는 우체부 아저씨까지도 늘 무섭다 하실 정도로 충분히 험한 인상을 소유하게 되었다. 요조는 '요조숙녀'랑은 거리가 먼 장난꾸러기가 되었지만 우리가족에게 높은 담장 같은 것은 생각나지 않을 정도로 든든함을 주었다.

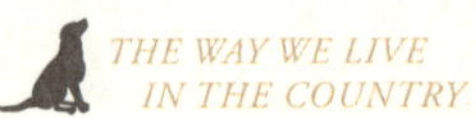

한적한 시골,
살기 무섭지 않을까요?

고속도로를 달리다 보면 초록색 들판 사이로 어우러져 보이는 작은 농가나 멋진 전원주택을 바라보며 마음을 빼앗기는 일이 많습니다. 더불어 저렇게 외떨어진 곳에 살면 밤에 무섭지 않을까 하는 생각도 밀려들죠. 저도 아파트에 살다가 전원주택으로 이사를 준비하는 시간 동안 방범에 대한 걱정이 가장 컸답니다. 그래서 담장도 세우고 대형견도 키우게 되었지요. 하지만 막상 조용한 시골생활 속에 묻혀 살다 보니 하루 종일 문을 활짝 열어놓은 것도 잊을 정도로 방범에 대해 무감각해지는 것에 놀라곤 합니다. 그래서 이웃 할머니 할아버지들이 모든 살림살이가 다 들여다보일 정도로 문을 열어두고 사시는구나 하는 생각도 들었습니다.

무서움을 느끼는 것은 사람마다 차이가 있는 부분이니 무조건 괜찮다고 하긴 힘들겠지만 일단 어려운 일이 있을 때 당장 달려가 도움을 청할 수 있는 좋은 이웃을 만드는 것은 필수랍니다. 그리고 파출소와 소방서의 위치와 연락처를 미리 파악해 두는 것도 좋겠지요. 또 보안경비업체를 이용하거나 기타 여러 가지 안전대책을 미리 강구해 놓는 것은 아이를 키우는 집에서는 꼭 필요한 일이지요.

정원 일의 즐거움

'햇살 좋은 날엔 허브티 한잔 들고 나가 꽃과 나비들을 구경해야지. 그러다 잘 익은 토마토가 보이면 하나 따먹기도 하고 몇 개는 씻어서 식구들 먹으라고 식탁 위에 올려두고……. 채소가 자라면 작고 귀여운 광주리에 오독오독 따 담아 저녁상에 근사하게 올려야지. 꽃이 피면 식탁 위에도 화장실에도 실컷 장식할 수 있겠구나.' 이런 일들은 생각만 해도 근사하고 설레는 일이었다. 예전에 헤르만 헤세의 ≪정원 일의 즐거움≫을 읽으며 나도 언젠가 마당 있는 집에 살게 된다면 책 속의 그림만큼이나 아름다운 정원을 가꾸리라 다짐했었다.

어느날 나는 마당에 서서 마음속 정원의 청사진을 끄집어냈다. 주위를 둘러보니 생각보다 잡초들이 많았다. 아름다운 정원에 잡초는 어울리지 않는 법. 우선 저 잡초들을 한 뿌리도 남기지 않고 모두 없애야 한다는 생각이 들었다. 그리곤 다음날부터 어둠이 채 가시지 않은 새벽에 일어나 마당으로 향했다. 정원을 가꾸려면 왠지 부지런해야 한다는 생각이 들어서였다. 혼자 해보겠다는 괜한 욕심도 생겨 남편의 도움도 마다했다. 그렇게 새벽부터 쪼그리고 앉아 면장갑이 이슬과 흙으로

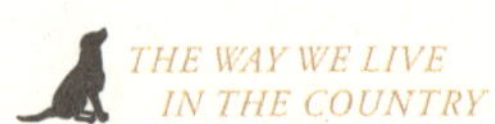

범벅이 될 때까지 잡초를 뽑았다. 허리가 좀 뻣뻣해질 즈음 몸을 일으켜 마당을 내려다보니 꽤 정갈한 모습이 되어 있었다.
'앞으로 3일 정도면 잡초랑은 안녕이겠군!'
나는 흡족한 마음을 안고 아침식사를 준비하러 집으로 향했다.
다음날 역시 새벽안개가 어스름한 마당으로 향했다. 어제 뽑은 자리 다음부터 시작하면 되겠거니 하며 앉으려는데 어찌 된 일인지 잡초들이 마당을 가득 메우고 있었다.

"와! 엄청난 생명력이군······."
나는 중얼거리며 처음부터 다시 잡초를 뽑아내기 시작했다.
그렇게 어제가 오늘 같고 오늘이 어제 같은 며칠이 지났다. 잡초는 끊임없이 자라
나고 나는 뽑고. 서서히 몸도 마음도 힘들어져 갔다. 마음속 아름다운 정원은 온데
간데없이 사라지고 대신 그 자리엔 잡초에 대한 원망만 잔뜩 쌓여갔다. 마당은 버
려진 집마냥 풀이 넘쳐나기 시작했다. 며칠간 시무룩한 나를 의아한 눈빛으로 바
라보던 남편이 말을 건넸다.
"꿈의 정원은?"
"모르겠어."
피식 웃던 남편은 결국 인터넷을 뒤져 잔디 깎는 기계를 주문했고, 배송과 동시에
마당의 풀을 모두 밀어버렸다.

위잉······ 위잉······.

나는 거실 창문에 기대서서 그 모습을 지켜보았다.
싹둑 베여 날아가는 잡초들을 보니 통쾌한 마음이 들었다.
'시원한 게 좋네.'
피식 피식 웃음이 났다. 마음속에서 꽃피우던 아름다운 정원은 어디로 보내고, 군
인 머리처럼 파르르한 마당을 보며 좋아하는 꼴이라니. 내 모습이 마치 독불장군
처럼 느껴졌다.

며칠 후 나는 마음을 가다듬고 마당과 적당히 타협하기로 했다. 꽃과 채소를 넘어
서는 잡초만 뽑아주고 예민하게 굴지 않기로. 그리고 원하던 꽃과 채소 모종을 사
다 옹기종기 심었다. 장미와 백일홍 옆에 가지와 토마토를 심고 그 옆엔 작은 연못
도 만들었다. 모종 주변에 돋아나는 잡초들만 거둬내고 그 외의 잡초는 크게 신경
쓰지 않았다. 꽃과 채소가 어느 정도 몸집을 키우면 알아서 잡초를 이겨낸다는 사
실도 얼마 지나지 않아 알게 되었다.

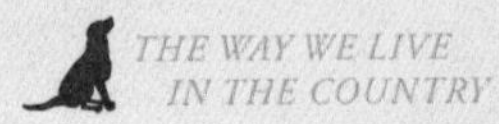

그렇게 살짝 정원 느낌이 돌기 시작하자 바라보는 시선도 나긋나긋해져서 잡초에서 피어난 앙증맞은 꽃에도 마음이 빼앗기고, 적당히 흙을 메워주어 보기에도 좋구나 하는 생각도 했다. 엄청난 걸림돌이라 생각했던 잡초는 어느새 내 마음속 화초가 되어 있었다.

기나긴 여름을 나며 제법 풍성해진 정원은 내가 꿈꾸었던 정원만큼 마냥 아름답진 않았지만 많은 깨달음을 주는 풍요로운 정원이 되어 있었다. 나는 어렴풋이 느꼈다. 때론 내 앞을 가로막는 무엇인가가 전부인 듯 느껴지지만 살짝만 고개를 돌려보면 아무것도 아닐 수 있음을. 그 살짝만큼의 융통성이 필요했구나 하고 말이다. 아마도 헤르만 헤세가 말한 정원 일의 즐거움이란 것도 완벽하게 아름다운 정원을 돌보는 즐거움이 아닌, 그곳에서 깨달음을 얻는 즐거움이었으리라.

땅에서 찾은
작은 꽃들

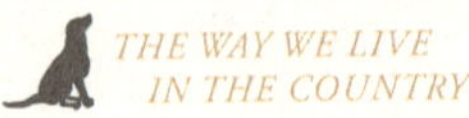

illustration by Ian
좀…
예쁘게 그려줘~

주근깨 고민

두 평 남짓한 텃밭 가꾸기에 푹 빠져 있던 어느 날 문득 거울을 보니 얼굴에 주근깨가 은하수처럼 펼쳐져 있었다.

'아액! 큰일이다!'

얼굴이 그을리긴 하겠지 싶었지만 이 지경이 될 줄이야. 그렇다고 이제 자리 잡아가는 텃밭을 나 몰라라 할 수도 없는 일! 당장 시장에 가서 챙 넓은 모자를 샀다. 오이마사지도 하고 선크림도 바르고, 얼굴 전체를 덮는 마스크도 뒤집어쓰고…….

나름대로 미백을 위한 조치는 모두 취했지만 이미 나온 주근깨들은 들어갈 생각이 없어 보였다.

그렇게 며칠을 걱정과 고민에 휩싸여 우울한 날들을 보내던 어느 날, 아침 식사를 하던 중 이안이가 말한다.

"엄마, 나는 우리 집 당근이 제일 맛있어."

"당근?"

"응, 당근. 이거 맛있어!"

이안이는 당근을 안 먹던 아이다. 순간 머릿속으로 잡티 없는 깨끗한 내 피부와 당
근을 아작아작 씹어먹는 딸의 귀여운 입술이 겹쳐 지나갔다.
'아! 역시 두 마리 토끼를 모두 잡기란 힘든 일이구나.'
나는 더 생각할 것도 없이 쉽게 한 가지를 포기할 수 있었다.
'그래! 그까짓 주근깨. 싱싱한 우리 집 식탁이랑 맞바꿨다 치자!'

이후로 나의 얼굴엔 늘 주근깨가 함께하고 있고
사실, 이제는 별 신경도 쓰이지 않는다.

illustration by Ian

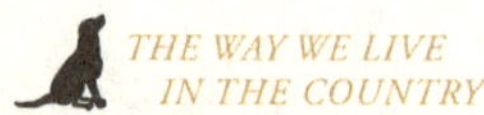

텃밭 가꾸기 노하우

텃밭 가꾸기의 성공 노하우는 역시 '땅'에 있습니다. 겨울이 지나고 땅이 무릇해지면 무엇이든 길러낼 수 있는 영양분이 풍부한 밭을 만드는 것으로 작은 농사가 시작됩니다. 농협이나 화원에서 파는 퇴비(계분으로 만든 퇴비가 가장 좋답니다)를 밭에 소복이 깔고 위 아래로 섞어서 포실한 땅을 만들어줍니다. 우리 가족은 1년 동안 열심히 모아놓은 음식물쓰레기 퇴비를 이용했답니다. 그 후 밭의 청사진을 그려봅니다. 기본적으로 야채를 손쉽게 채집할 수 있는 통로를 만들어주고 식물의 성장 속도나 크기, 모양에 따라 위치에 따라 나눠볼 수 있겠죠.

우선 쌈 채소류는 처음 모종에서 위로만 쭈욱 자라기 때문에 간격을 크게 두지 않고 심어도 좋습니다. 대신 매일 따먹는 채소이니 밭의 앞쪽에 심는 것이 좋겠지요. 토마토는 가지와 잎을 넓게 펼칠 뿐 아니라 키가 1미터 이상 자라나 열매의 무게를 감당하지 못하기 때문에 지지대를 세워주어야 합니다. 또한 가지치기를 매일 같이 해줘야 큰 열매를 맺으니 관리하기 좋은 위치에 심는 것이 좋습니다. 고추 또한 지지대를 세워주어야 하니 일렬로 주르륵 심으면 키우기 쉽습니다. 넝쿨식물인 오이와 호박 등은 위치를 잘못 잡으면 하루가 다르게 자라난 이파리가 다른 채소밭을 넘어다니기 일쑤이니 따로 줄을 매어 관리를 해주어야 합니다. 가지와 피망, 파프리카, 당근, 깻잎 등은 어디서든 조용히 잘 자란답니다. 그리고 남는 자투리 땅에는 수수와 옥수수를 심어보시기 바랍니다. 특히 수수가 자라는 모습은 아주 서정적이어서 저는 텃밭 하면 파란하늘에 나부끼는 빨간 수수알이 제일 먼저 생각난답니다.

동네 백구의 전설

평소 개를 좋아하던 우리 식구는 동네 지리도 익힐 겸 집집이 멍멍이들을 만나러 다녔다. 마을을 한 바퀴 돌고 집으로 돌아오는 길에 이안이가 말했다.

"엄마, 근데 개들이 전부 하얘."

"그러고 보니 그러네."

그리고 몇 달 후, 평소 인사만 하고 지내던 옆집 아저씨로부터 전설적인 이야기를 듣게 되었다. 자신이 백구를 키운 이후로 이 마을의 개들이 모두 백구가 되었다는.

"모두 저 녀석 핏줄인 거지. 젊었을 땐 똥이 내 팔뚝만 했어."

자부심과 애정이 넘치는 아저씨의 눈길이 덩치 큰 늙은 백구의 등에 닿았다. 그 전설의 백구는 이후로 2년 동안 우리와 매일 얼굴을 마주했다. 안방 창문을 열면 그 녀석의 집이 보였기 때문이다. 그리고 볼 때마다 웃음이 났다.

화려했던 젊은 날을 보내고 따뜻한 봄날 벚나무 아래 앉아 주인의 사랑을 듬뿍 받으며 노년을 보내는 개의 모습이라니.

찾아오는 자식은 없지만 참 행복하겠다 싶어서.

벚꽃 지며 마당에 날리는 날이면 더욱 그래 보였다.

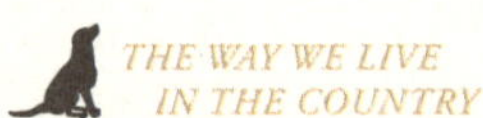

마당을 지나며 흙을 밟고 집으로 들어오다 보니 집 안은 늘 흙이 어석거렸다. 현관에 놓여 있는 운동화며 슬리퍼, 구두까지 죄다 흙투성이이고 바지 어딘가에는 늘 흙이 묻어 있다. 언젠가는 친구 결혼식장에 가려다 구두 끝에 묻은 흙덩이를 떼어내느라 애를 먹기도 했다. 그럴 때면 빗물 한 방울, 흙 한 톨 묻힐 일 없는 깔끔한 아파트 생활이 그리워지기도 했다.

어릴 적 보았던 TV 만화 〈빨강머리 앤〉을 떠올려보면 앤은 외출 후 집 안으로 들어가기 전 항상 현관 앞에 놓인 대야의 물로 발을 씻곤 했다. 당시엔 왜 그런지 낯설어 보이는 장면이었는데 이젠 십분 이해할 수 있을 것 같다. 이사하고 얼마 되지 않아 이웃집 할머니의 초대를 받았었는데, 현관문을 열고 신발을 벗으려는 순간 몸이 움찔했다. 바닥이 반짝반짝 윤이 날 만큼 깨끗해서 도저히 발을 디딜 수가 없었던 것이다. 알고 보니 그 현관은 신발이 들어올 수 없는 영역이었다. 우리는 신발을 마당에 벗어두고 맨발로 현관을 지나 거실로 들어갔다. 할머니만의 흙먼지 방지 노하우였던 셈이다. 시골에서 깔끔하게 살자니 콘크리트로 마당을 모조리 덮지 않는 이상은 그런 방법이 상책일 터.

평소 적당한 정도로만 청결을 유지하며 살아온 우리 부부도 집 안으로 들어오는 흙먼지에는 민감해져 아침나절엔 서로 청소하기에 바빴다. 오십 평 가까이 되는 집 안을 구석구석 청소기로 밀고 걸레로 닦느라 오전 시간 티타임은 꿈도 꾸지 못

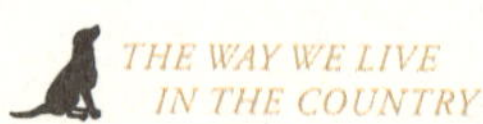

한 채 매일매일 청소에 열을 올렸다. 하지만 하루만 지나면 어김없이 흙먼지는 날아들었고 가사노동에 너무 힘을 쏟아버린 나머지 우리는 짜증 속에 허우적거리기 시작했다. 그렇게 몇 날 며칠을 보내다 우리는 더 이상은 안 될 것 같다는 생각에 결론을 내렸다. 의식을 바꾸기로.

이후로 우리는 청소를 가끔 했고, 편안하게 마당과 집을 오갔다. 그리고 꿈꾸던 티타임도 실컷 즐길 수 있게 되었다.

쓰레기 처리는 어떻게 하나요?

처음 이사를 했을 때 마당 여기저기서 출몰하는 쥐들을 보고 기겁을 했던 기억이 납니다. 깜짝 놀라 전에 살던 사람에게 물어보니 마당 가장자리를 둘러가며 음식물 쓰레기를 묻어두었다고 하더군요. 순간 음식물 쓰레기를 처리할 방법이 없는 것인가 싶어 동사무소에 물어보니 음식물 쓰레기 전용 봉투에 담아 집 앞에 내놓으면 수거해 간다고 합니다. 집이 아주 첩첩 산중에 위치하지 않은 이상 마을마다 음식물 쓰레기 처리하는 방법이 있으니 이사 후 동사무소에 물어보면 친절히 가르쳐준답니다. 이밖에 음식물 쓰레기 분쇄기를 이용하거나, 지렁이를 이용해 음식물을 처리할 수도 있습니다. 저희는 뚜껑이 있는 커다란 통에 이웃에서 얻어온 쌀겨와 겨울철 난로에서 나온 나무재, 그리고 음식물 쓰레기를 모아 퇴비를 만들어 이듬해 텃밭에서 거름으로 이용했답니다.

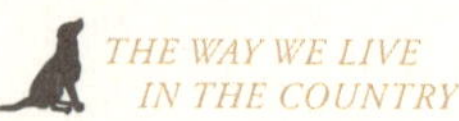

THE WAY WE LIVE
IN THE COUNTRY

우리 집 카페

우리 부부는 둘 다 프리랜서로 일하고 있던 터라 각자 마감 날짜에 맞춘 스케줄에 따라 생활했다. 그러다 보니 일이 바쁠 때는 밤을 새우기도 하고, 일이 없을 때는 온종일 이불 속에서 뒹굴거리기 일쑤였다. 살림과 일터가 함께 있는 공간에서 24시간 생활하다 보니 일과 살림이 뒤범벅되어 스트레스가 날로 쌓여갔다. 각자의 스케줄에 맞추며 가족생활의 리듬을 함께 찾기란 쉽지 않은 일이었다. 무언가 구심점이 필요했다. 그래서 생각해낸 것이 바로 티타임이었다. 아주 간단한 방식이었다.

오전 11시에 차를 마시자.

청소 중이든, 마당에서 풀을 뽑든 중이든, 허덕이며 일하는 중이든 오전 11시가 되면 무조건 다 함께 모여 차를 마시자는 것이다. 우리는 우선 장소를 마련했다. 최대한 편안하고 집 같지 않은 느낌이 들도록 꾸몄다. 집 안에 카페 느낌이 나는 장소를 마련한다는 것은 참으로 근사한 일이었다. 커다란 스피커가 달린 오디오를

테이블 근처에 설치해서 평소 좋아하던 노래들을 선곡해 나지막이 틀어두었다. 처음에는 지인이 사다준 카모마일 허브차를 즐기다 차츰 커피의 세계에 눈을 뜨게 되었는데, 선물 받은 가정용 에스프레소 커피머신을 이용하다가 나중엔 드립 커피까지 마실 수 있게 되었다. 아이는 초콜릿이 들어간 스팀 밀크나 허브차를 함께 마셨다. 참으로 평온한 시간이었다.

오전 11시는 일하기에도 더할 나위 없이 좋은 시간이지만, 하루 중 햇살도 가장 아름답고 눈에 들어오는 모든 사물이 아름다워 보이는 시간이기도 하다. 휴식과 함께 평온해진 마음은 일과 살림, 육아로 인한 스트레스를 서서히 밀어냈다. 우리는 차를 마시며 이야기를 나누기도 하고, 책을 읽기도 하고, 그림을 그리기도 했다. 서로의 내면을 바라볼 수 있는 소중한 시간이었다. 오전 11시의 티타임과 더불어 뒤죽박죽이던 우리의 생활도 어느 정도 리듬을 찾게 되었다.

지금은 가족이 모두 흩어져 생활하는 시간이 너무 많아져 오전 11시의 티타임은 꿈같은 얘기가 되어버렸지만, 그래도 마음만 먹으면 쉽게 티타임을 즐길 수 있다. 이안이가 먼저 이야기를 꺼낸다.
"우리 차 마시면서 그림 그려요."
그럼 누가 먼저랄 것도 없이 분주하면서도 신속하게 찻상이 꾸려진다. 요즘 부쩍 클래식 음악에 관심이 많아진 아이를 위해서 클래식 라디오 프로그램을 틀어놓는다. 호록호록 따뜻한 차를 마시며 우리는 따로 또 같이 티타임을 즐긴다.

VOLUME 1
VOLUME
VOLUME
The Young Children's Encyclopedia
The Young Children's Encyclopedia
The Young Children's Encyclopedia
THE WORDS BOOK

집이 꼭 집만 같으란 법 있나! 집 한구석을 우리 가족만의 카페로 꾸며보자. 어렵다면 갓 달린 백열등 하나만 준비해도 오케이. 은은한 조명 아래 바라보는 가족들의 얼굴이 평소보다 예뻐 보일 터. 다정한 이야기가 절로 건네진다.

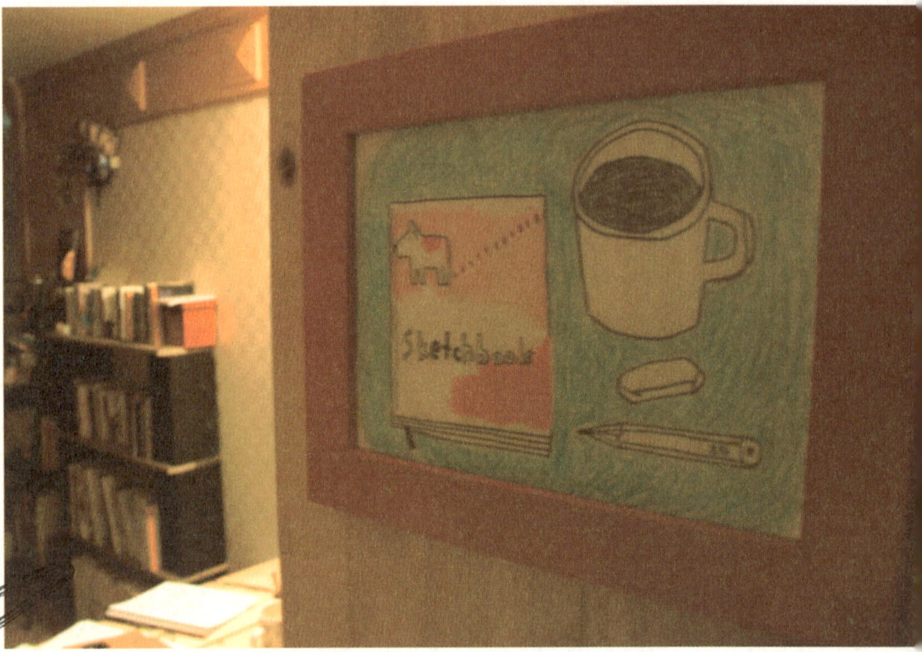

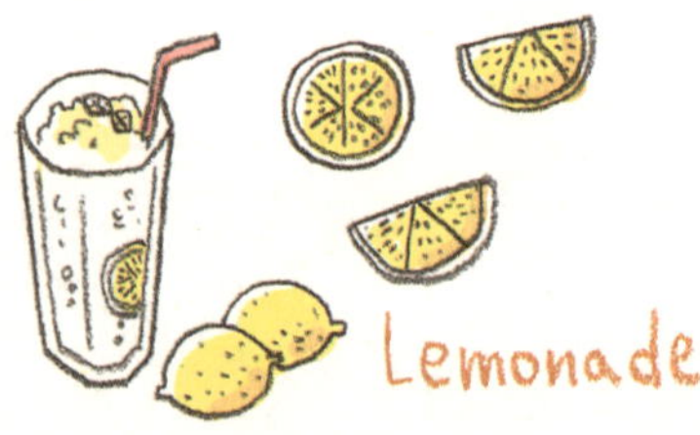

- 레모네이드

Lemonade

재료: 레몬 1개, 탄산수, 얼음, 아가베 시럽 20㎖

1. 레몬을 짠 즙과 아가베 시럽을 섞는다.
2. 유리컵에 얼음을 넣는다.
3. 1과 탄산수를 2에 넣고 섞는다.

재료: 요거트, 블루베리 한 줌, 우유, 아가베 시럽 20㎖, 조각얼음

1. 믹서에 블루베리, 요거트, 우유, 아가베 시럽을 넣고 갈아준다.
2. 잘게 으깬 얼음을 넣는다.
3. 걸죽한 느낌이 나도록 간다.

- 블루베리 요거트 스무디

Blueberry yogurt smoothie

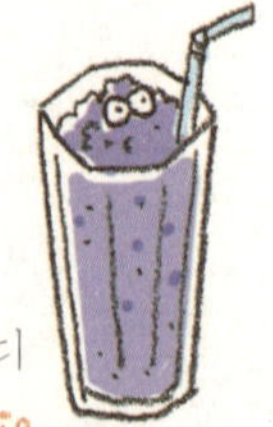

티타임에 어울리는 음료 만들기 

Hotchoco

— 핫초코

재료: 초콜릿시럽 20㎖ , 우유 170㎖

1 데운 물 50㎖ 에 초콜릿 시럽을 녹인다.
2 우유 170㎖ 를 전자레인지에 데운다.
3 거품기를 이용해 데운 우유에 거품을 낸다.
4 1에 3을 섞는다.

— 밀크티

재료: 얼그레이 5g, 설탕10g, 물 100㎖ , 우유 150㎖

1 물에 얼그레이를 넣고 낮은 불로 끓인다.
2 끓기 시작하면 설탕과 우유를 넣고 저어준다.
3 끓어오르기 전에 불에서 내려 걸러준다.

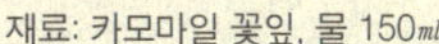

— 카모마일티

재료: 카모마일 꽃잎, 물 150㎖

1 팔팔 끓였다 한 김 식힌 물 150㎖ 를 잔에 따른다.
2 카모마일 꽃잎을 띄워 우린다.

lune
hurb

illustration by Ian

THE WAY WE LIVE
IN THE COUNTRY

봄이와 눈이

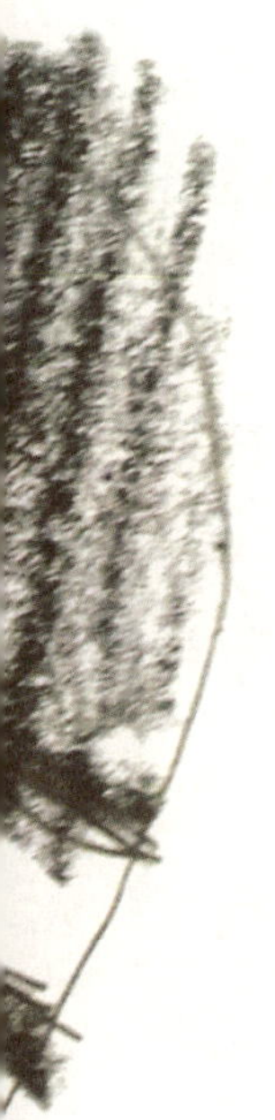

이사 온 첫날이었다. 이삿짐을 풀고 모두 벤치에 앉아 쉬고 있을 때 '야옹 야아옹……' 집 뒤편에서 고양이 소리가 들려오는가 싶더니, 잠시 후 하얀 페르시안 고양이 한 마리가 나타나서는 우리를 바라보기 시작했다.

"야옹……."

우리는 먹고 있던 빵을 들고 고양이에게 다가갔다. 멀리서 보던 것보다 고양이는 몹시 야위어 있었다. 집을 나온 지 여러 날 되었는지 털도 마구 엉켜 있었다. 고양이는 혀를 날름거리며 맛있게 빵을 받아먹곤 유유히 건물 뒤로 사라졌다.

이후 한 달 정도 지났을 때였다. 마당에서 텃밭을 가꾸고 있는데 어떤 아주머니가 대문 앞에 서서 인사를 건네셨다.

"안녕하세요? 이사 오셨나 봐요. 이웃 사는 사람인데 혹시 저기 보이는 개집 안 쓰시면 저희가 좀 썼으면 해서요."

아주머니가 손으로 가리키는 곳엔 아로가 쓰던 개집이 덩그러니 놓여 있었다.

"저희는 필요 없으니 가져가세요."

나는 흔쾌히 대답했다. 아로는 이사 오면서 새로운 집을 마련해 준 터였다.

"저희 집 고양이가 새끼를 낳았는데 딱히 집이 없어서요. 지난번에 이 집을 지나다 보니 마당에 있는 개집을 안 쓰시는 것 같아서요. 아이고, 아무튼 고맙습니다."

"아뇨. 뭘요."

"언제 고양이 새끼 보러 따님이랑 한번 오세요. 마을 회관 아랫집이에요."

"네. 꼭 한번 갈게요."

나는 걸레로 개집의 먼지를 대충 떨어낸 후 아주머니께 건넸다.

그러고 나서 며칠이 지났을 무렵, 우리는 마을을 산책하다 우연히 그 아주머니를 다시 만났다. 그리고 아주머니의 권유로 다 함께 고양이를 만나러 갔다. 마을회관 아래쪽 작은 대문을 지나자 고양이 우는 소리가 문틈으로 새어나왔다.

"야옹…… 야옹……."

새하얀 어미 고양이의 배 위로 밤색 고양이 네 마리가 옹기종기 모여 있었다. 우리는 살금살금 다가가 고양이들을 들여다보다 깜짝 놀라 외쳤다.

"어? 그 고양이다!"

어미 고양이가 바로 이사 오던 날 보았던 그 흰 페르시안 고양이였던 것이다. 아주머니께 물어보니 한 달 전쯤 길에서 발견했는데 집까지 쫓아오는 걸 거둬줬다는 것이다. 우리와 처음 만났던 날 고양이 뱃속엔 이미 새끼들이 있었던 것이다. 그때 먹을 걸 좀 많이 줄 걸 하는 미안한 마음이 들었다. 이안이는 귀엽다며 자기 주먹만 한 새끼 고양이들을 연신 쓰다듬었다. 그러자 아주머니는 새끼가 젖을 떼면 한 마리 데려다 키우지 않겠느냐 하셨고 우리는 좋다며 찬성했다.

며칠 후 아주머니로부터 새끼고양이를 데리고 가도 좋다는 전화가 왔다.

"새끼들이 많이 자랐어요. 그리고 혹시나 해서 말씀드려 보는데요, 어미 고양이도 같이 키우시면 어떨까요? 실은 저희가 아파트로 이사를 하게 되었어요. 그런데 아파트에선 고양이를 키우기가 어려울 것 같아서요. 생각 좀 해보시겠어요?"

우리는 역시나 좋다고 대답했다. 언젠가 고양이를 길러보고 싶다는 생각을 해오던 터였다. 그날 밤, 어미 고양이와 새끼 고양이 한 마리가 우리의 새로운 식구가 되

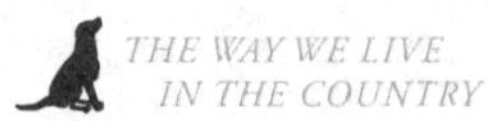

었다. 아주머니는 고마움과 안도의 미소를 지으며 돌아가셨다.

우리는 고양이들에게 각각 '봄이'와 '눈이'라는 이름을 지어주었다. 그리고 여전히 몸이 마른 봄이를 위해 각종 영양식을 준비해 주었다. 눈이는 어미젖을 먹고 무럭무럭 자라나 금세 엄마보다 덩치가 큰 고양이가 되었다.

"옹예……."

봄이가 눈이를 부르는 소리다.

"에……."

눈이가 봄이에게 대답하는 소리다.

이 다정한 고양이들은 늘 우리 마음속에 따뜻함을 불어넣어 주었다.

우리에게 봄이와 눈이는 봄날의 눈처럼 뜻밖의 선물이었다.

눈이의 나른한 일상

고양이와 함께 산다는 것

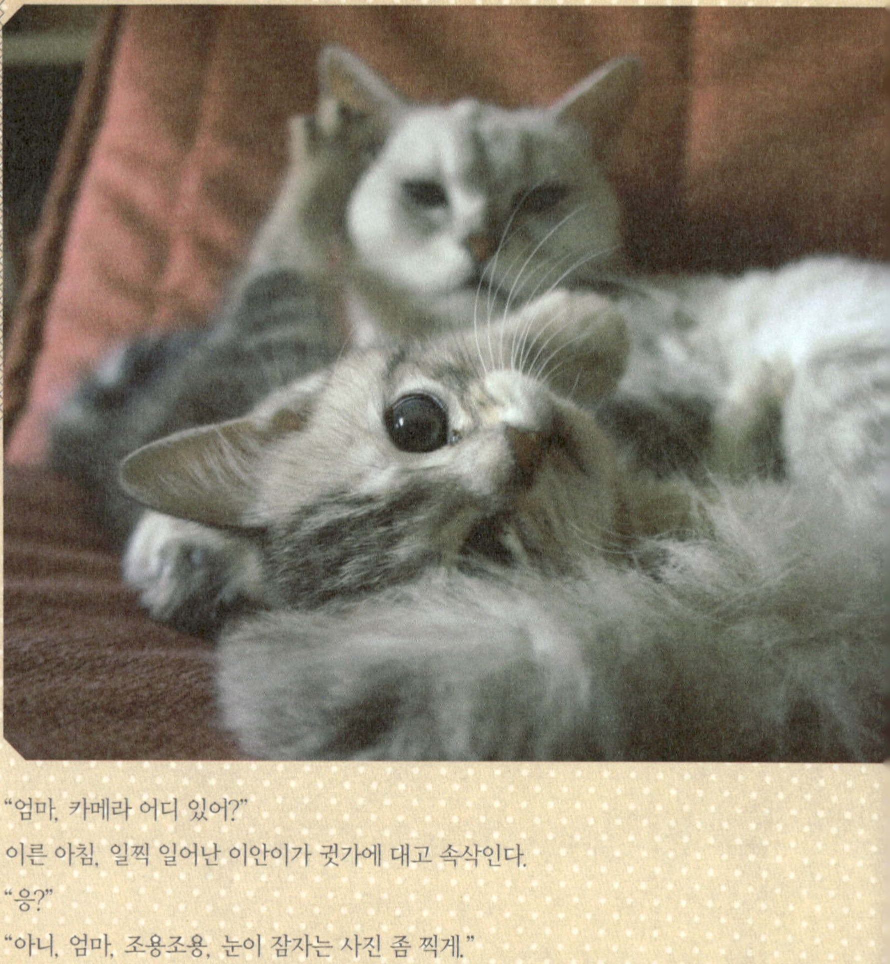

"엄마, 카메라 어디 있어?"

이른 아침, 일찍 일어난 이안이가 귓가에 대고 속삭인다.

"응?"

"아니, 엄마, 조용조용, 눈이 잠자는 사진 좀 찍게."

고개를 들어보니 역시나 방 한구석에 몸을 한껏 비튼, 그러나 묘하게 편안해 보이는 자세로 잠을 자는 눈이가 보인다. 푸흡~. 아침부터 웃음이 난다. 세상에 무서울 것 하나 없는, 고양이로서 취할 수 있는 모든 자세는 다 보여주는 듯하다.

"이안아. 눈이는 정말 잘 잔다, 그치?"

"응, 자고 자고 또 자고 또 자고."

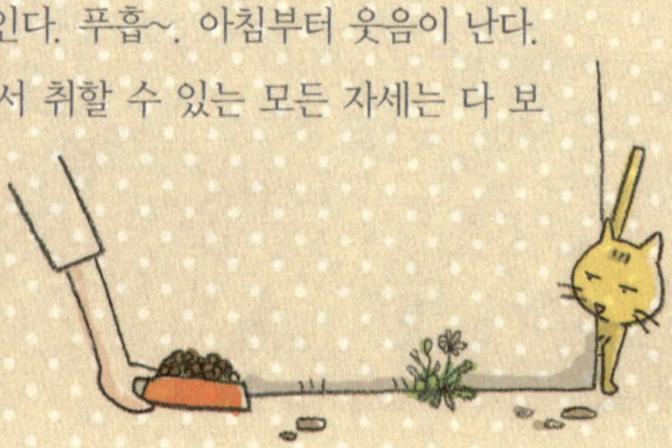

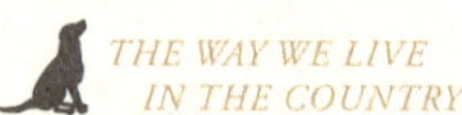

"끄으으응~."

눈이는 다 듣고 있다는 듯 가늘게 눈을 뜨더니 몸을 산처럼 치켜세우며 기지개를 켠다.

"눈이야 이리와."

"야옹~."

사뿐사뿐 걸어온 눈이는 이안이가 내민 손끝에 제 얼굴을 쓰윽 문지르고 방을 빠져나간다.

"눈이야~!"

이안이도 쫓아나간다.

"헤헤헤헤. 보들보들 눈이가 참 좋아."

"끼잉~."

거실에선 이안이에게 안긴 눈이가 떼굴떼굴 구르고 있다.

고양이와 함께 산다는 것은 따뜻하고 포근하며 말랑말랑하고 다정한 느낌이다. 동물과 함께 살며 사랑을 주는 일은 따뜻한 마음을 받는 일이다. 어린 날, 그 보드랍던 털만큼 따뜻한 기억은 어느 날 지치고 힘든 아이의 마음을 다독여 줄 것이다.

봄이와 눈이여
Cats
일상속으로

THE WAY WE LIVE
IN THE COUNTRY

개구리
어디 갔어?

창밖을 보니 이안이가 아빠랑 풀밭 위를 뛰어다니고 있다. 그러다 두 손을 모은 이안이가 집 안으로 달려들어온다.

"엄마! 개구리!"

펼쳐 든 고사리손 위에 개구리 한 마리가 눈을 뻐끔거린다.

"와! 정말이네? 마당에 개구리가 있어?"

"응! 많아!"

"와! 신기하다! 엄마도 찾아보자."

마당에는 개구리들이 정말 많았다. 그도 그럴 것이 집 바로 뒤쪽에 작은 논이 있었기 때문이다.

처음엔 안방에 누워 개구리 소리를 듣는다는 사실이 너무 신기해 이것이 바로 전원생활의 묘미인가 하고 감탄하기도 했지만 그것도 잠시, 여름 내내 개구리들의 합창소리는 안방을 떠나지 않았고 비가 오는 날이면 숫제 귀청이 떨어져나갈 듯했다.

"개굴개굴, 개굴개굴······.(일제히 침묵)
개굴개굴, 개굴개굴······."

그런 날엔 우리도 질세라 목청껏 노래를 불렀다.

"개굴개굴 개구리 노래를 한다. 아들 손자 며느리 다 모여서. 밤새도록 하여도 듣는 이 없네~. 듣는 사람 없어도 날이 밝도록~."

우리는 마루에 누워 밤하늘을 바라보며 노랫소리에 맞춰 팔과 다리를 휘저었다.

개구리들이 '일제히 침묵'하는 순간엔 다 같이 깔깔대며 웃기도 했다. 우리는 분명히 개구리들 사이에 엄격한 지휘자가 있을 거라고 상상하며 각자의 개구리를 그려보기도 했다.

그렇게 끝이 없을 것 같던 개구리들과의 만남은 무더위가 한창이던 어느 날 밤, 거짓말처럼 뚝! 하고 사라졌다.

"엄마, 개구리들이 다 어디 갔어?"

"응, 다들 집으로 돌아갔나 봐. 내년에 다시 만날 수 있을 거야."

우리는 친한 친구가 전학이라도 간 듯 헛헛한 마음이 들어 옥상에 올라 한참 동안 논을 바라보았다.

그러나 이듬해 봄. 우리는 개구리들과 다시 만날 수 없었다. 경칩이 되기 전. 안타깝게도 논은 콘크리트로 메워졌고 그 위로 창고가 들어선 것이다.

'개구리들이 아직 그 아래 잠자고 있을 텐데······.'

한동안 걱정스럽고 답답한 마음이 콘크리트만큼 무거웠다. 그해 여름. 간간이 개구리를 만날 수는 있었지만 개구리들의 합창은 들을 수 없었다. 그렇게 개구리들과의 추억은 생각보다 짧게 끝이 났다.

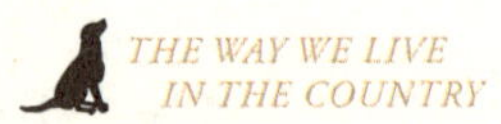

마당엔 가끔 뱀도 출현해서 발이 안 보이도록
집 안으로 내달렸던 기억이 난다.

딸기잼 선물

"이안아, 스승의 날 선생님께 무슨 선물 드릴까?"
아이는 한참을 골똘히 생각하더니 말한다.
"색종이 접은 거."
"그래, 그거 좋겠다. 선생님께서는 무슨 모양 좋아하실까?"
"공룡!"

나는 딸기잼을 만들어 이안이의 공룡과 함께 선물하기로 했다.
이른 봄 복스럽게 익은 커다란 딸기들이 시장에 나왔다가 사라질 무렵이면 송이
가 작은 딸기들이 등장한다. 그 조그만 딸기들을 사다가 딸기잼을 만들었다. 제철
에 난 딸기는 역시 자연스러운 향을 담고 있다. 딸기잼이 보글거리는 부엌엔 푸
릇한 달콤함이 둥둥 떠다녔다. 나는 한 김 식힌 딸기잼을 깨끗하게 소독한 유리
병에 담았다.

스승의 날, 이안이는 작은 딸기잼 몇 병과 공룡 색종이를 들고 어린이집으로 향
했다.

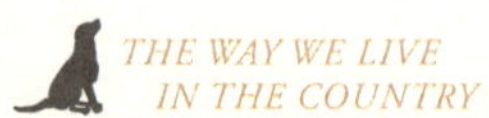

땅에 심어놓은 딸기 모종은 하얀 꽃을 두 송이 피우더니
며칠 안에 딸기를 만들었다.
우리는 딸기가 살 찌워가는 모습이 신기해서
매일매일 들여다보다 결국 동네 개미들에게 내어주었다.

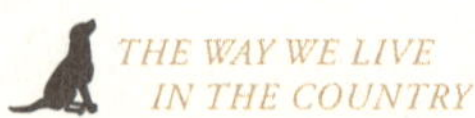
THE WAY WE LIVE
IN THE COUNTRY

우리 집 마당은
채소가게

요리하기를 좋아하는 남편은 식사시간이 다가오면 분주하게 마당을 오가며 먹거리를 준비하곤 했다.

이른 봄에는 뒷마당에서 바로 따낸 두릅나물이 식탁에 올랐다. 살짝 데쳐낸 두릅나무를 초장에 찍어 한입 베어 물면 입 안 가득 봄의 향기가 돌았다. 이제 막 잎사귀를 펼치고 봄을 맞이하려는 두릅에게 살짝 미안한 마음이 들기도 했지만, 원래부터 조금은 나눠줄 생각이었다는 듯 두릅들은 이내 넓고 푸른 잎사귀를 펼쳤다. 그리고 여름내 엄청나게 자라났다.

마당의 잔디 사이사이 납작 엎드려 있던 냉이도 맛난 먹거리였다. 이안이가 작은 삽으로 냉이 주변의 흙을 파내면 줄기 가장 안쪽을 잡고 뿌리째 뽑았다. 우리는 작은 광주리에 하나 가득 캔 냉이로 된장국도 끓이고, 밀가루를 살짝 묻혀 튀김도 만들어 먹었다.

봄이 지나고 텃밭이 어느 정도 몸집을 키우자 우리는 더욱 열심히 마당을 들락거리며 식사 준비를 했다. 가지와 오이 무침, 각종 채소와 토마토를 섞은 샐러드를 거의 매일 만들어 먹었다. 아침에 토마토를 따는 일은 다섯 살 이안이의 일과가 되

었다. 감자와 당근, 피망과 브로콜리, 양상추까지 품고 있는 텃밭은 그대로 우리만
의 냉장고이자 채소 가게였다. 싱싱한 재료들이 많다 보니 자연히 요리에 쏟는 시
간도 많아졌다. 부엌살림도 늘어나 주방에 아일랜드 식탁을 새로 만들기도 했다.

이안이가 어린이집에서 돌아오면 우리 세 식구는 식탁 주변에 모두 모여 저녁을
준비했다. 밀가루 반죽 위에 치즈를 뿌리고 햇살을 잔뜩 머금은 시금치를 따서 수
북이 쌓은 후 오븐에 넣으면 근사한 피자가 되었다. 기분 좋은 저녁 식탁이었다.
자연이 좋아서 선택한 전원생활은 우리에게 늘 몸과 마음의 풍요를 안겨주었다.
따뜻한 시선이 닿은 먹거리가 우리의 몸으로 들어오니 어쩌면 당연한 일이었을지
도 모르지만, 자연은 항상 우리에게 기대 이상의 것을 내어주었다.

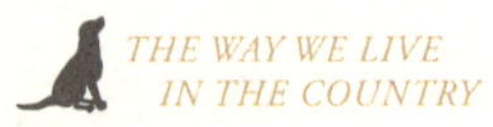

아이와 함께 하는 요리

"부엌 살림살이가 참 많네요."

처음 이사를 하던 날, 이삿짐센터 아주머니가 아마도 열 번은 얘기했던 듯싶다. 하긴, 우리도 끊임없이 쏟아져 나오던 그릇과 조리 도구들이 민망할 정도였으니. 요리 좋아하는 아빠가 하나둘씩 구입한 탓도 있지만 아이와 함께 요리하기 위해 구입한 물건들도 꽤 되었다.

요즘도 토요일 오후면 주로 요리를 하며 시간을 보낸다. 위험하지 않은 범위에서 되도록 모든 요리 과정을 아이도 함께하고 있다. 딱딱한 것은 아빠가 썰고, 부드러운 것은 아이가 썰고 하는 식. 아이가 주무르던 밀가루 반죽은 어느새 조리대 밑바닥에 눌어붙어 있고 손에 쥐여준 계란은 여지없이 바닥에 깨져 주방은 금세 난장판이 되어버리지만, 그러면 좀 어떠랴. 부드러운 밀가루와 끈적한 날계란이 아이의 손끝을 거치며 풍부한 감성을 심어주지 않을까?

토요일 저녁 식탁, 오후 내내 즐거움으로 양념한 음식 향기가 집 안에 가득하다. 우리는 일단 기념 촬영을 한 후, 식사를 시작하고 부족한 간은 수다로 맞춘다.

"그러니까, 아빠가 넣은 소금이 너무 가벼웠다구!"

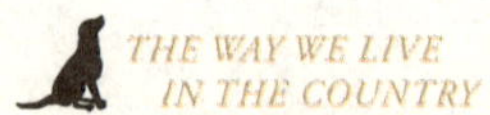

COOKing I
"단호박강정"

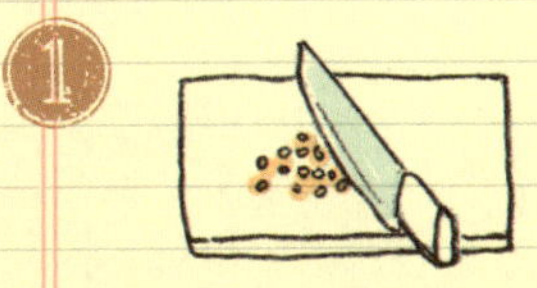

견과류를 칼로 잘게 부숴놓는다.

잘 익은 단호박을 가로세로
3cm 정도로 깍둑썰기 한다.

깍둑썰기한 단호박을 전분과 함께
비닐봉지에 넣어 잘 흔든다.

준비한 재료를 180℃ 기름에 튀긴다.

냄비에 설탕을 녹여 시럽상태가 되면
튀긴 단호박을 넣고 살짝 버무린다.

물을 묻힌 도마 위에
시럽에 버무린 단호박을 정렬시킨 후

견과류를 골고루 뿌려주면 맛있는 단호박 강정 완성!

COOKing 2
"떠더이 피자"

1 밀가루를 체에 친다.

2 곱게 체에 친 밀가루에
소금과 이스트를 넣어
골고루 섞는다.

3 우유를 부어 반죽한다.

4 반죽에 올리브오일을
넣어 치댄다.

5 비닐에 싸서 상온에서
30분간 발효시킨다.

6 발효시킨 반죽을 4등분 한다.
(총 네 개의 또띠아가 생기는 셈)

7 도우 하나를 밀대로 밀어 2mm 두께로 만든다.

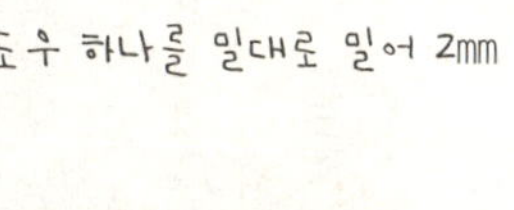

8 반죽 위에 토마토 퓌레를 바른 후
좋아하는 토핑을 얹고
모짜렐라 치즈를 뿌린 후
200℃ 오븐에서 15분간 구우면
또띠아 피자 완성!

* 남은 반죽은 2mm 두께로 밀어 기름 없는 팬에 구워 또띠아를 만든 후 냉장 보관했다가
피자 도우로 사용하면 된다.

COOKing 3
"내맘대로 내맘대로 과자"

밀가루
소금
참깨
기름
계란

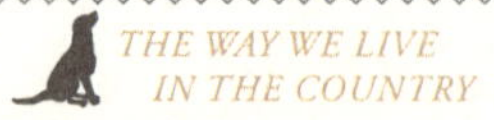

밀가루, 소금, 깨, 계란으로
반죽을 만든다.

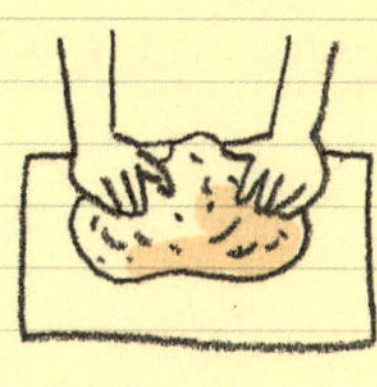

반죽의 정도는 계란 물로 조정하고,
반죽은 너무 치대지 않도록 한다.

이제, 반죽을 가지고 원하는 모양을 만들 차례.
반죽을 긴 모양으로 만든 후 5mm 정도 두께로 썰거나,
원하는 모양으로 만들어 본다.

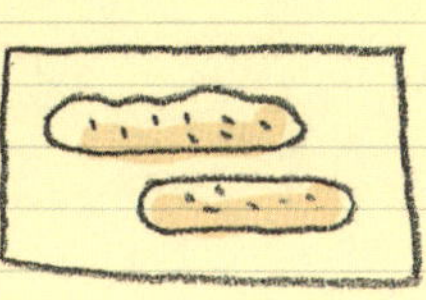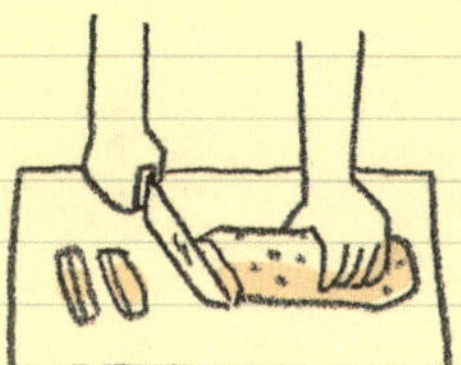

반죽의 두께가 5mm 이하이면
어느 모양으로 만들어도 잘 튀겨진다.

성형한 반죽을 180℃ 기름에 바삭하게 튀겨낸다.

토끼와의 이별

illustration by Ian

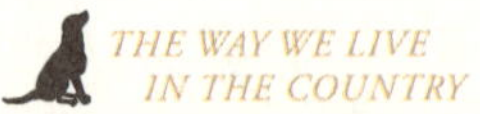
THE WAY WE LIVE
IN THE COUNTRY

부드러운 오전 햇살을 받으며 풀을 뜯고 있는 토끼의 뒷모습을 바라보다 문득 고등학교 때 익힌 숙어가 생각났다.

'live in clover'

'풍족하다'는 말을 왜 그렇게 표현했는지 알 것 같았다.

봄이 무르익고 토끼풀도 짙푸른 빛을 띠기 시작할 무렵, 우리는 토끼 한 마리를 가족으로 맞았다. 까만 몸통에 하얀색 조끼를 두르고 있던 녀석은 자그마한 몸집에 까만 눈동자가 무척이나 귀여웠다. 이안이는 밤마다 토끼를 안고 잠들고 싶다며 떼를 쓰기도 했다. 몸집은 작아도 누가 토끼 아니랄까 봐 토끼풀밭에 풀어두면 폴짝폴짝 뛰며 풀을 뜯었다. 그럴 때면 이안이도 신이 나서 덩달아 깡충깡충 마당을 뛰어다녔다.

그렇게 복실 강아지 마냥 귀엽던 아기토끼는 봄바람과 함께 무럭무럭 자라나 어느새 길쭉한 얼굴과 근육질 몸통의 어른토끼가 되었다. 마당에 놓아두면 날아갈 것처럼 뛰어다녀서 이안이가 뒤쫓으면 어느새 저 멀리에서 방향을 틀고 있었다. 풀밭에 내려놓으면 마치 잔디 깎는 기계처럼 엄청난 속도로 풀을 뜯어 먹으며 왕성한 식욕을 자랑했다. 먹는 만큼 싸는 양도 엄청났다. 매번 토끼 똥을 치울 때마다 이안이는 '와!' 하고 감탄사를 연발했다.
그렇게 하루가 다르게 몸집을 불리던 토끼는 어느새 귀여움이란 온데간데없고 우람한 덩치만 자랑하고 있었다. 이젠 더 이상 귀엽지도 예쁘지도 않은 존재가 된 것이다. 나는 매일 아침 의무감으로 먹이를 주고 똥을 치웠는데 그럴 때마다 토끼는 흠칫 놀라며 몸을 웅크렸다.

그렇게 무심해진 날들이 이어지던 어느 날, 아침밥을 주러 토끼장에 갔을 때 나는 그만 하늘을 보고 누워 있는 토끼를 보고 말았다. 흐린 눈빛과 건조한 털 위로 죽음이 내려앉아 있었다. 전날 밤 세차게 내리던 비바람이 번쩍 머릿속을 스쳤다. 그때 나는 창밖을 보다 잠시 토끼 걱정을 했었다. 나가볼까 하다가 지난번에 토끼집의 지붕을 비닐로 꽁꽁 싸준 일을 떠올리며 별일 없겠지 했다.

죽어 있는 토끼를 바라보기 힘들었다. 나 때문이란 생각에 마음이 무거웠다. 아팠다. 그리고 너무나 미안했다. 우리는 무거운 마음으로 뒤뜰의 흙을 파고 토끼를 묻어주었다.

live in clover…….

그 표현이 마음속에서 떠날 줄 모르고 맴돌았다.

토끼야…… 다음 세상에선 그렇게 살렴.

진심으로 미안해.

한 생명을 키운다는 것은 쉬운 일이 아니구나.

아니 쉽게 여긴 것이 큰 잘못이었다.

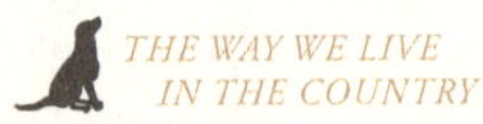

THE WAY WE LIVE
IN THE COUNTRY

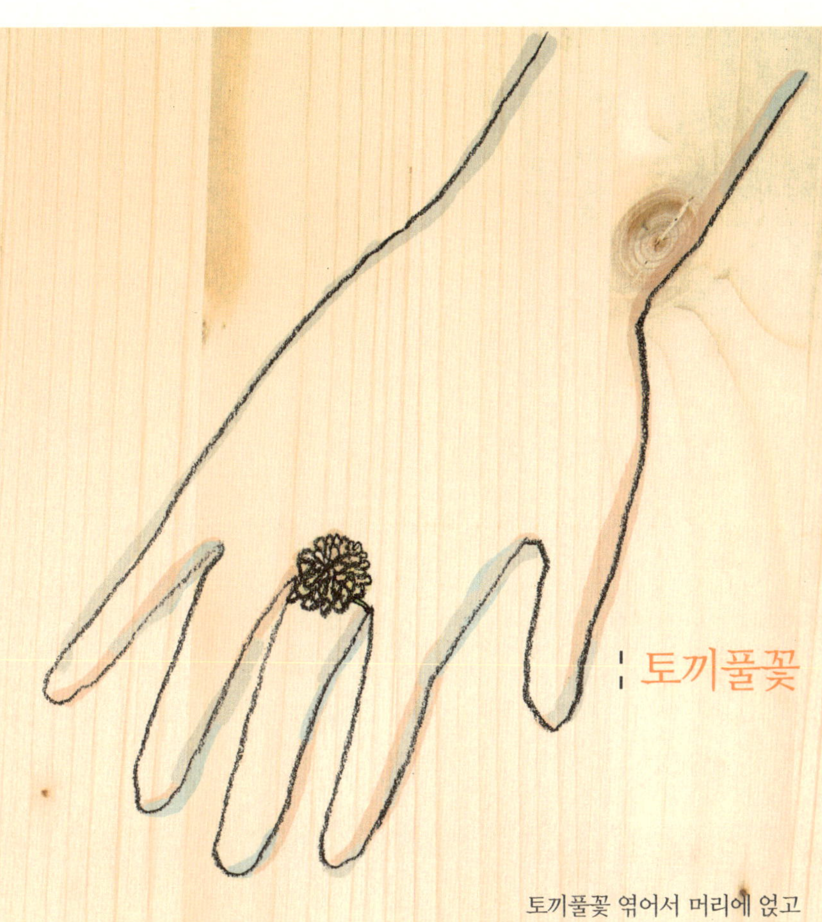

토끼풀꽃 엮어서 머리에 얹고
토끼풀꽃 엮어서 팔목에 걸고
토끼풀꽃 엮어서 손가락에 끼고
그것 봐
너는 좋아서 어쩔 줄 모르잖아.

민들레 홀씨

오월의 마지막 날.
아이는 마당 여기저기를 뛰어다니며 민들레 홀씨를 바람에 날려준다.
보송보송한 홀씨가 너울거리다 햇살 속으로 사라진다.

언젠가…… 봄날,
민들레 홀씨는 마음속 어딘가에 아이의 어린 날을 가져다주겠지.
솜털처럼 여린 아이의 마음이 마당을 달린다.

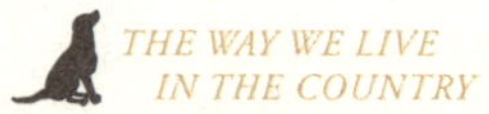

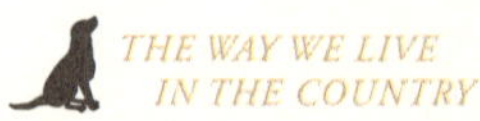

THE WAY WE LIVE
IN THE COUNTRY

*

2

두번^째
이야기

여름

너와내가만나다.

비 오는 날

투득. 투득. 투드득…….

창밖을 보니 굵은 빗줄기가 사선을 그리며 내리고 있다. 담장 너머 전깃줄을 따라 미끄럼을 타던 빗방울은 잔디를 물들이고, 풀잎에 튕겨 멀리 날아가던 빗방울은 이내 마음속에 번진다.
우리 가족은 우산을 받쳐 들고 마당으로 나갔다. 현관문을 열자 습하고 비릿한 흙냄새가 콧속 가득 밀려든다. 뚝뚝 떨어지다 쪼르륵 굴러가는 빗방울 소리가 더욱 선명하게 들린다.
'오랜만이야…….'
나도 모르게 비를 향해 마음속 인사를 건넸다. 아파트에 살땐 세찬 비가 내려야 비로소 성난 비의 기운을 겨우 느끼곤 했는데, 이렇게 속닥거리며 내리는 빗소리를 듣고 있자니 마치 잊고 있었던 어릴 적 친구를 만난 듯 반갑다.

텃밭의 상추잎을 들춰보니 달팽이 가족이 옹기종기 모여앉아 비를 즐기고 있다. 우리도 그 옆에 앉아 한참 동안 비를 즐겼다.

비 오는 풍경

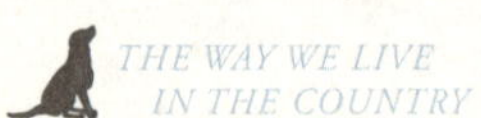
THE WAY WE LIVE
IN THE COUNTRY

살구나무

"엄마, 바구니 어디 있어?"

"뭐 하려고?"

"살구 담게."

봄에 부지런히 꽃을 피우던 살구나무가 어느덧 열매를 맺었다. 잠시 후 창밖을 보
니 바구니를 들고 나간 이안이가 살구나무 아래 쭈그리고 앉아 있었다.

"엄마, 이 세상에서 제일 맛있는 살구가 뭐게?"

"음, 잘 익은 살구?"

"땡!"

"그럼…… 노란색 살구? 아니면 우리 집 살구?"

"땡! 땡!"

"잘 모르겠는데?"

"당근! 바닥에 떨어진 살구지."

이안이가 그것도 모르느냐며 깔깔거리고 웃는다.

맞다. 이 세상에서 가장 맛있는 살구는 '자, 다 익었으니 먹어라' 하며 살구나무가
스스로 떨궈주는 살구다.

그러니 살구를 나무에서 따 먹으면 바보!

풀밭정원 유감

이사 온 다음해 봄.

푸릇해진 잔디 위로 노란 갓꽃이 꽃망울을 터뜨렸다. 작년에 외할머니의 텃밭에 있던 갓꽃이 마치 제주도의 유채꽃밭처럼 너무 예뻐서 뿌리째 가져와 심어두었다. 가을이 되어 씨가 영글자 마당 여기저기에 흩뿌려두고는 잊고 있었는데 노랗게 핀 꽃을 보니 반갑기도 하고 그 작은 씨앗이 추운 겨울을 견뎌냈을 생각을 하니 기특하기도 했다. 적당히 자란 잔디와 한들거리는 갓꽃은 바라만 보아도 마음이 포근해졌다. 날씨가 좋은 날이면 다 같이 스케치북을 들고 마당에 나가 그림을 그리기도 했다. 잔디 위에 양반다리를 하고 앉아 온몸으로 꽃과 바람을 즐기던 중 남편이 이야기했다.

"올해는 잔디를 깎지 말고 그대로 둘까?"

작년 여름, 마당에 풀이 조금이라도 자랄라치면 열심히 잔디를 깎던 남편인데 자연스러운 마당의 모습이 아주 좋았나 보다. 우리는 그렇게 잔디를 깎지 않기로 했고, 그냥 내버려두면 어디까지 자랄지도 내심 궁금했었다.

날이 풀리며 마당은 왕성한 생명력으로 가득 찼다. 노란 갓꽃은 더욱 많이 피어났

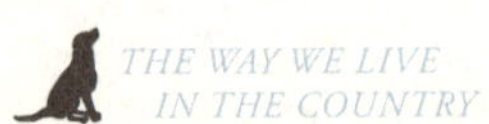

고, 클로버는 잔디랑 땅따먹기라도 하려는 듯 열심히 영역을 넓혔다. 그늘진 담장 밑에는 작은 제비꽃들이 자리 잡았고, 일부러 심어놓은 것처럼 어여쁜 이름 모를 꽃들은 나비와 벌들을 수시로 불러 모았다. 식물들은 생각했던 것 이상으로 조화를 이루며 자라났고 잡초에서 피어난 작은 꽃들도 보기 좋았다. 어느새 잔디는 발목을 넘어 자랐고 다른 풀들은 무릎을 스쳤다.

그러던 어느 날, 아침부터 서점에 나가 하루를 보내고 돌아온 우리는 충격적인 광경을 맞닥트리게 되었다. 우리의 아름다운 풀밭정원이 온데간데없이 사라져버린 것이다. 정갈하게 다듬어진 마당 한구석엔 잘려나간 갓꽃이 풀더미 속에 끼어 있었다. 마음속으로 황망한 바람이 불었다. 남편은 바로 집주인에게 전화를 걸었다.
"혹시 잔디 깎으셨나 해서요."
"아, 네. 그쪽으로 지날 일이 있어 가보니 풀이 무성하길래. 바쁘셔서 관리를 못 하셨구나 싶어서 그랬어요."
남편은 난감한 표정을 지으며 그저 고맙다고 말하며 전화를 끊을 수밖에 없었다. 잔디 깎는 일이 쉽지 않다는 걸 누구보다 잘 알고 있었기에 뭐라 말하기 어려웠던 것이다. 그날은 더위가 유난하던 날이기도 했다. 한편으론 집주인이 보기에 자신의 집이 엉망으로 관리되는 것 같아 걱정스러운 마음도 있지 않았을까 하는 생각도 들었다. 그래도 우리에게 전화 한 통화 해주었으면 좋았을 것을…… 아쉬웠다. 나는 황량해진 마당에 우두커니 서서 참 많은 생각을 했다. 배려와 이해, 서로 다른 견해와 입장의 차이, 관계와 동의 등……. 별별 생각들을 말이다.

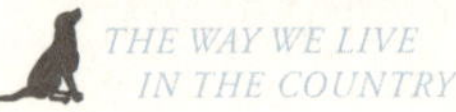
THE WAY WE LIVE
IN THE COUNTRY

신나는 마당 축구

멀끔해졌던 마당이 일주일쯤 지나자 잘 가꾼 축구장처럼 보기 좋게 푸릇해졌다.
바람이 조금 선선해진 늦은 오후, 우리는 마당에 나가 신 나게 공을 찼다.

까르르르.

아이의 웃음소리가 공처럼 잔디 위를 떼굴떼굴 굴러다닌다. 그렇게 한참을 공을
차고 노는데 공이 또로로록 개집으로 굴러들어간다. 잠시 후 피식하고 쪼그라든
공이 허공을 가른다. 요조는 공만 보면 어김없이 물어뜯어 하늘로 날려버렸던 것
이다. 그럼 이안이는 울고 우리는 웃음을 참으며 아이를 안아주곤 했다.

THE WAY WE LIVE
IN THE COUNTRY

우리는 공만 보면 여김없이 물어들어
하늘로 날려버린다. 
이안이는 울고
우리는 웃음을 참으며
아이를 안아주곤 했다

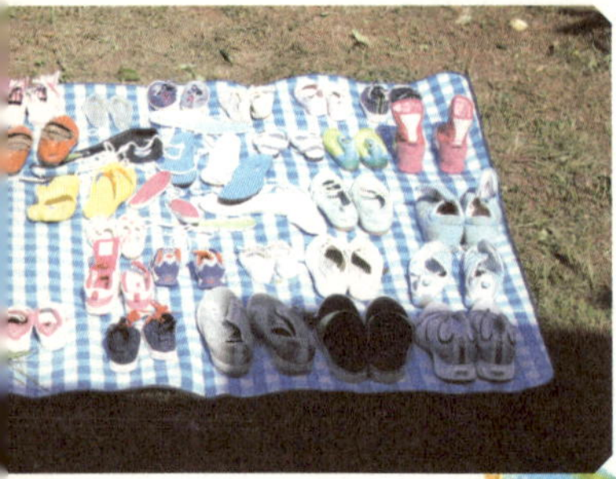

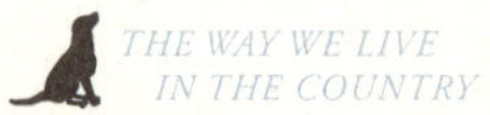

illustration by Ian

아침에 일어나면 이불을 등에 업고 옥상으로 올라간다.
줄지어 걸려 있는 빨래집게가 아침 햇살에 반짝인다.
그 입에 덥석 이불을 물린다.

맑은 햇살 속에 바람이 지난다.
그렇게 온종일 이불은 햇살을 모은다.

하늘이 노란빛으로 물들 즈음 우리는 다시 이불을 둘러업고 돌아온다.
깊은 밤. 이불은 햇살.
토닥토닥 자장가를 부르며 햇살 향기를 뿜는다.
그리고 어서 푸욱 자라 한다.

누군가 불면증이 있다면
햇볕에 파삭하게 말린 이불을 덮어보라 말해주고 싶다.

우리 동네 산책 코스

펄쩍거리는 요조를 잠시 진정시키고 또박또박 동네 산책길에 나섰다. 눈에 한가득 초록이 몰려오고 나뭇잎들이 한들한들 손짓까지 해주니 피로가 와르르 무너져내린다.

어제 비가 내려서인지 풀숲에 앉아 있던 빗방울이 신발에 스며들었다. 정신이 번쩍 난다.

진한 초록빛 길 위로 무릇하게 익은 살구가 여기저기 나뒹굴고 있다. 요조가 덥석 하나 물고 우리도 한 개씩 주워 향긋함을 즐겼다. 저 멀리선 도라지꽃들이 저들끼리 가위 바위 보를 하고 있으려니 이안이가 달려가 주먹 쥔 도라지꽃 손을 보자기로 만들어 주었다.

하늘을 바라보지 않으면 아무리 멋진 하늘도 '그만' 인 것. 우리는 오늘도 산책길에 나선다.

END!!

옥상의 추억

내 로망 속 전원주택은 뾰족한 삼각 지붕의 모습이지만 애석하게도 우리 집엔 지붕이 없다. 집주인 아저씨가 처음엔 이층집을 구상하고 짓다가 자금부족으로 일층까지만 짓고 옥상으로 마무리하셨기 때문이다. 대신 옥상에 오르면 속이 뻥 뚫릴 만큼 넓은 공간이 펼쳐져 있다.

여름날.
우리는 해가 어둑어둑해질 즈음이면 바람을 맞으러 옥상에 올랐다. 집 왼편에 있는 낮은 언덕에서 불어오는 바람이 머릿속, 콧속 할 것 없이 온몸으로 불어와 더위를 날려주었다.
달이 어느 정도 떠올라 자리를 잡아가면 우리 가족은 달빛 아래 줄줄이 서서 달리기를 시작했다. 남편이 앞장서 먼저 달린다. 그 뒤로 이안이. 그 뒤로 내가 박자를 맞춰 달린다. 이내 아로도 따라붙고 요조도 쫓아온다. 계단을 따라 내달려 마당을 한 바퀴 돌고 다시 옥상으로 달린다.

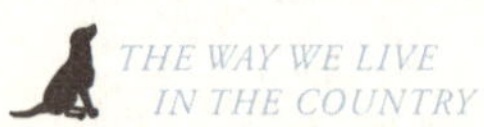

헉헉헉.

숨이 턱까지 차올랐다. 모두 가쁜 숨을 몰아쉬었다. 그렇게 달리다 보면 마지막엔 늘 요조, 남편, 이안이, 나, 아로 순으로 순서가 바뀌었다. 누가 뭐랄 것도 없는 여름밤 달빛 아래 우리는 매일매일 신 나게 달렸다.

아이를 심하게 혼낸 날이면 아픈 마음에 옥상으로 내달렸다. 옥상 난간을 붙잡고 훌쩍거리는 그림자가 바닥에서 들썩였다. 먼발치 언덕 위 소나무를 바라보며 한참을 서 있었다. 바람은 불어와 흐르는 눈물을 닦아주었고 달빛은 차분히 빛나며 마음을 가라앉혀 주었다.

그렇게 우리 집 옥상은 무언가 남다른 따뜻함을 간직한 공간이었다. 무엇이든 다 받아주는 엄마와도 같았다.

우리 집의 워터파크

8월, 여름 무더위가 한창이었다. 해가 중천에 뜨자 마당에는 그림자 한 점 보이지 않고 털이 까만 요조는 햇볕을 온몸으로 흡수하느라 진땀을 빼고 있었다.

마당에 수영장이 있으면 좋겠다고 생각하는데 마침 남편이 창고에서 지난여름에 사둔 커다란 비닐 보트를 찾아냈다. 마당에 천막을 쳐서 그늘을 만들고 그 아래 바람 넣은 보트를 옮긴 후 호스를 가져다 보트 가득 물을 채우니 영락없는 수영장이 되었다. 이안이는 재빨리 수영복으로 갈아입고 장난감 통에서 물총까지 찾아내서는 보트에 탑승했다. 물총으로 요조에게 물줄기를 쏘아대자 요조가 좋아라고 혀를 내두르며 펄쩍펄쩍 뛰었다. 우리는 모두 물속에 들어가 한여름 망중한을 즐겼다. 그렇게 여름내 우리만의 전용 풀장을 마당에 두고 즐기는 사이 집안 살림살이들까지 하나둘 마당으로 기어나왔다. 나중에는 집에서 보트까지 편리하게 도달하도록 거실 창문으로부터 길게 돗자리까지 깔아두었다. 멀리서 보면 영락없이 피난 온 모양새였지만 즐기는 우리는 마냥 즐거웠다.

그렇게 나름 시원하게 여름을 보내던 우리의 꿈같은 시간은 아주 잠시의 외출로 끝이 나버렸다. 어느 날 외출 후 집에 돌아와 대문을 여는 순간, 마당에 태풍이 지

나간 줄 알았다. 천막은 나무에 걸려 있
고, 길게 세워두었던 장대는 모두 부러
져 있고, 튜브는 바닥에 널브러져 있었
다. 이 광경을 본 이안인 바로 울음을 터
뜨렸다. 그때 목줄 풀린 요조가 신 나게
달려와 우리를 반겼다.

이웃에 사는 화가 아저씨가 목격담을 들
려주기를, 목줄 풀린 요조가 보트에 들어
갔다 나오기를 수십 번 하더니 온 마당
을 휘저으며 다녔다는 것이다. 말리기 무
서울 정도로. 멋진 우리 집의 워터파크는
그렇게 초토화되는 것으로 막을 내렸다.
요조도 덥긴 더운 여름이었나 보다.

이웃과 조화롭게 살기!

우리가 살았던 집은 마을회관 바로 옆에 위치해 있어서 마을 어른들을 뵐 기회가 많았습니다. 마을과 멀
지 않은 곳에 대단위 아파트 단지가 형성되어 있어 완전한 시골이라 할 수는 없었지만, 아직 개발의 손
길이 닿지 않은 마을은 예전 그대로 치러지는 행사들이 많았습니다. 이를테면 새해에 부녀회에서 복조
리를 팔러 다닌다든지 작은 논두렁에서 정월 대보름 행사를 한다든지, 어르신들을 위한 경로잔치를 연다
든지 말이죠. 주로 젊은 사람들이 모여 사는 기획된 전원주택 단지라면 모르겠지만, 기존에 형성되어 있
던 마을에 입주하게 된다면 마을 사람들과 어느 정도 마음의 문을 열고 소통하는 것이 좋습니다. 사실 우
리 가족의 경우도 우리 집 텃밭 농사는 옆집 할아버지께서 하셨다 해도 과언이 아닐 정도로 늘 애정 어
린 조언들을 많이 해주셨습니다. 전원에서 배우는 이웃들의 시골살이 경험과 노하우는 사실 돈을 주고도
살 수 없는 그런 것이지요. 이처럼 사람이 주는 마음의 풍요는 자연이 주는 풍요 이상으로 값지답니다.

illustration by Ian

물고기 잡이

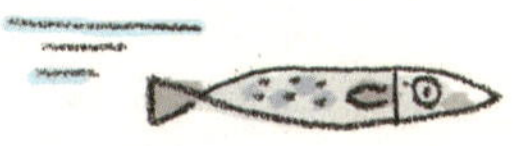

아침 일찍부터 훅하고 뜨거운 열기가 콧속으로 느껴진다. 집에 에어컨이 없던 터라 여름은 인내의 계절이었다. 그나마 있던 우리의 전용 풀장은 요조의 난장으로 사라지고 어딘가 물속에 몸을 담가야겠다는 생각에 무작정 집을 나섰다.
한 시간쯤 달렸을까. 북한산을 넘어 의정부 쪽으로 가다 보니 뜻밖의 곳에서 낮은 물가가 나타났다. 우리는 나무 그늘 아래 평평한 곳을 찾아 자리를 펴고 잠시 바람을 즐기다 물가로 나갔다.

종아리까지 올라오는 물에 발을 담그고 저벅저벅 걷는다. 혹시 다슬기가 있으려나 기대했는데 없다. 물고기도 보이지 않고, 소금쟁이 몇 마리가 물 위를 튕겨 지나갈 뿐이다. 물에 물고기가 있어야 재밌지 생각하며 아쉬운 마음에 첨벙거리며 뭍으로 나오는데 아까부터 바위 위에 앉아 있던 이안이가 소리친다.
"엄마 물고기가 있어."
이안이는 길쭉한 풀잎들을 이어서 엮어 만든 낚싯대를 흔들고 있었다.
"어? 없던데?"

"있어. 잘 봐봐. 여기."

나는 물길을 휙휙 저으며 이안이에게 갔다.

"엄마 잠깐만 앉아 있어봐. 그럼 물고기가 보여."

나는 이안이 옆에 앉아 물을 들여다보았다. 금세 고요해진 물이 투명해져 바닥을 드러냈다. 돌 틈에 이끼도 보이고, 나무껍질을 돌돌 말고 기어가는 벌레도 보인다. 장구벌레도 보이고 물방개도 보이더니 이내 작은 물고기가 스윽 스쳐 지나갔다.

'그래, 자세히 보니 모두 있었구나.'

물고기를 보니 가슴이 뛰었다.

"엄마가 잡아줄게."

나는 살금살금 움직이기 시작했다. 이안이가 자기도 잡겠다며 물속으로 발을 담갔다. 내 옷자락을 붙들고 첨벙거리니 이내 물이 흐려지고 물고기가 잽싸게 옆으로 몸을 피한다.

"이안아, 잠깐만 가만히 있어봐. 엄마가 잡아볼게."

이안이는 들은 척 만 척 물에 손을 뻗고 물고기를 쫓는다.

"아니, 그럼 물고기가 다 도망가지. 손으로 어떻게 물고기를 잡아!"

역시나 들은 척 만 척.

"이안아, 하지 말라니까!"

높아진 내 목소리에 멀리서 남편이 묻는다.

"뭐해?"

"응?"

순간, 내가 뭘 하는 거지? 하는 생각이 들었다. 내가 입을 다물자 사방이 조용해졌다. 문득 이안이 쪽을 보니 목청껏 소리를 지르는 엄마는 아랑곳도 하지 않고 이안이는 어김없이 진지한 모습으로 살금살금 물길을 내며 걷는 중이었다.

그래, 내가 물고기를 잡고 싶은 것처럼 이안이도 물고기를 잡고 싶은 거구나. 물고기는 맨손으로는 잡기 어렵다는 것을, 풀잎으로 엮은 낚싯대론 어림없다는 것을 아이 스스로 알게 하면 되는 것을. 한순간 물고기를 잡아줘야겠다는 생각에 사로잡혀 정신없이 혼자 호들갑을 떨고 있었던 것이다.

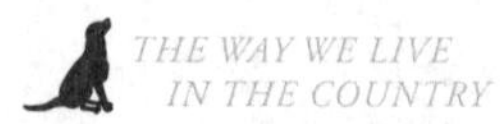

나는 물가로 나가 바위에 앉아서는 물고기를 잡고 있는 이안이를 바라보았다.

나는 한참만에 바위틈에 끼어 있는 손가락만 한 물고기를 잡아 아이에게 건넸다.
아이는 신이 나서 물고기를 물병에 담고 다니며 놀더니 한참 후 내게 다가왔다.
"엄마 물고기가 없어졌어."
"그래? 또 잡으면 되지. 물고기가 집에 가고 싶었나 보다."
"근데, 엄마. 내가 알겠어."
"뭘"
"물고기가 손가락 사이로 없어졌는데, 엄청 힘이 세고 미끄덩했다?"
"아! 그래?"
마음속에 미소가 번졌다. 내 입꼬리가 올라가니 아이가 말한다.
"엄마 미안해. 엄마가 힘들게 잡아준 건데."
"뭘? 아니야. 이안이가 물고기가 어떤지 알려줘서 재밌다."
"음, 엄청 미끄덩한 물고기야."
"그래, 힘센 미끄덩 물고기!"

우리는 다시 오후 햇살이 동동 떠 있는 물속을 거닐며 물고기를 찾다 다슬기도 몇
마리 잡았다. 한 마리 물고기보다 더 많은 것을 잡은 날이었다.

바다 여행

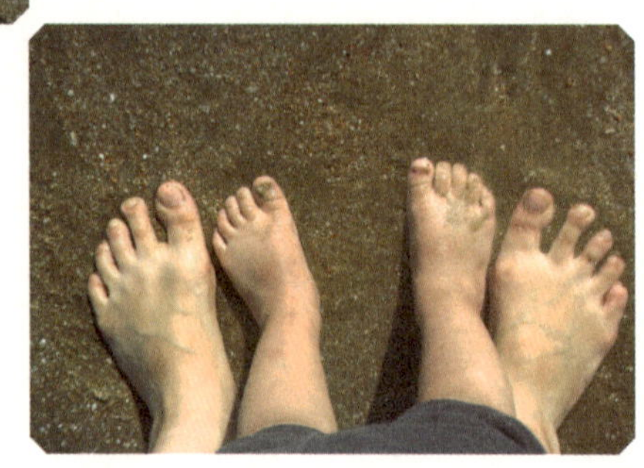

"이번 여행은 어떻게 보낼까?"
내가 묻자 남편이 대답한다.
"그림을 그릴까?"
"스케치 여행이 좋긴 한데 이안이가 아직 어려서 좀 번잡해질까 봐."
"그럼 이안이 따라 하기는 어때?"
"응, 그것도 좋겠다. 이안이가 하자는 대로 하기?"
"그래, 사진도 많이 찍고."
그렇게 우리는 바다로 여행을 떠났다.

이안이는 파도를 따라 모래 위를 걸으며 만나는 작은 조개껍데기랑 미역 줄기 그
리고 파도에 닳아 보석처럼 빛나는 유리조각에 모두 인사를 건넸다. 우리도 아이
를 따라 파도 물결 위를 따라 걸으며 인사를 건넸다.
조용하고 한적한 여행이었다.

곰팡이와의 전쟁

처음으로 외가 식구들과 1박 2일 바다여행을 하고 집으로 돌아가는 길. 온몸에 덕지덕지 붙은 피곤함은 우리의 포근한 집이 모두 받아주리라는 기대에 운전대를 잡고 있는 팔은 무거웠지만 마음만은 가벼웠다.

집에 도착하자 아로와 요조가 마치 일 년은 못 본 듯 펄쩍펄쩍 뛰며 반겼다. 이안이와 잠시 마당에 앉아 숨을 돌리는데 짐을 들고 현관으로 들어서던 남편의 짧은 비명이 들려왔다.

"헉! 이를 어째……."

달려가 보니 습한 기운과 함께 곰팡내가 훅하고 밀려 나왔다.

"아니, 집 비운 게 겨우 이틀이잖아."

"그러게……."

우리는 조심스레 집 안으로 향했다. 거실엔 마치 눈이 쌓인 듯 푸른곰팡이가 내려앉아 있었다. 라탄 소파 위에도, 식탁 위에도, 책꽂이의 수많은 책 위에도……. 절망적이었다. 그때 문득 거실 한 귀퉁이에 놓인 목마 위에 형형색색의 곰팡이를 뒤집어쓴 바나나 껍질이 눈에 들어왔다. 아마도 이안이가 먹고 거기에 버려두었

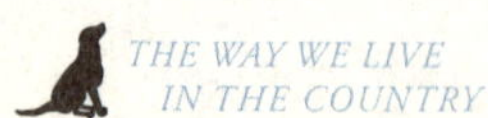

나 보다.

'곰팡이 녀석 의외로 예쁜걸……'

좀 어이없는 생각이긴 하지만 평소 곰팡이를 신비롭게 여기던 터라 잠시 넋을 놓고 곰팡이 구경을 했다. 하지만 곧이어 우리는 여행에 지친 몸을 이끌고 어쩔 수 없이 대청소를 시작했다. 환기를 시키고, 세제를 뿌리고, 닦고, 쓸고……. 우리는 결국 더 이상의 피곤을 견디지 못하고 바닥에 누워 잠을 청했다.

우리는 그날 이후 일주일 동안 청소만 하고 살았다. 천 소파는 내다버려야 했고, MDF 가구들도 모두 버렸다. 이안이 인형도 몇 개는 버려야 했고, 곰팡이 얼룩이 밴 옷들도 버려야 했다. 마당과 옥상엔 이불빨래가 가득했다. 우리 가족은 그렇게 곰팡이와의 전쟁을 치러냈다.

아파트에서 살다 단독주택으로 오니 좋은 것이 바로 관리비가 없다는 점이었다. 그 돈으로 아이 적금을 들어줄 생각을 하니 이미 몇백만 원은 모은 듯 좋았다. 하하, 그러나 이게 웬걸? 막상 단독주택에 살아보니 관리비 지출만큼의 물리적 금전적 관리가 필요했던 것이다. 장마철이면 옥상 하수구가 막히지 않도록 시간 맞춰 나뭇잎을 치워야 하고, 때가 되면 정화조도 퍼야 하고, 수도관이 파열되면 그것도 본인이 알아서 할 일이고, 혹여 담장에 금이 가거나 무너지면 알아서 손봐야 했다. 게다가 마당에 잔디를 키우니 적어도 격주에 한 번은 손질을 해줘야 모양새를 갖추니 할 일이 태산이었다.

곰팡이도 그랬다. 단독주택은 일 층을 한 단 높게 올려 짓더라도 밤사이 습한 기운이 집안으로 타고 들기 때문에 곰팡이가 피기 아주 쉽다는 것을 몰랐었다. 게다가 문을 꽁꽁 닫아둔 채 이틀을 보냈으니 곰팡이들이 잔치를 벌이기에 딱 알맞았던 것이다. 덕분에 너저분하게 넘쳐나던 살림살이가 아주 단출해졌다. 살림을 줄이니 머릿속도 마음도 가벼워져 힘들었던 청소의 기억은 어느덧 잊고 아름다웠던 바나나 껍질 색깔만 머릿속에 남았다. 단독주택에 산다는 것은 역시나 부지런함을 요구한다는 것도 함께.

정화조 처리는
어떻게 하나요?

아파트 생활과 달리 전원주택에서는 정화조도 직접 관리해 주어야 합니다. 전세의 경우 이사 들어갈 때 정화조 청소 여부를 반드시 확인해야 합니다. 그냥 지나치고 생활하던 중 정화조를 청소해야 하는 상황이 발생하면 비용 분담에 대한 문제가 있을 수 있으니까요. 그리고 이사 나갈 때는 본인이 청소하고 나가는 것이 원칙입니다. 물론 청소는 정화조청소업체에 문의하면 된답니다.

장마철 관리

바닥과 어느 정도 높이를 두고 지어진 집이라면 상관없지만, 바닥과 같은 높이로 지어진 집은 사시사철 습도 관리에 주의를 기울여야 합니다. 밤과 아침의 기온차로 인해 지표면의 습한 공기가 집안 바닥을 눅눅하게 만들고, 침구 또한 물에 젖은 듯 불쾌감을 주기 때문이죠. 특히나 장마철이 다가오기 전엔 방습제를 방마다 놓아두고 옷장의 옷들을 행거에 넉넉한 거리를 두고 걸어두어 곰팡이를 예방해 주어야 합니다. 몹시 습한 날에는 제습기를 틀어주거나 보일러를 돌려서 집을 보송보송하게 말리는 것도 한 방법입니다. 마당과 텃밭의 경우는 미리 물길을 내어 배수로를 확보해 주어야 하고, 비가 많이 내릴 때에는 떨어진 나뭇잎이 배수관을 막고 있지는 않은지 수시로 확인을 해주어야 한답니다. 그리고 평면 옥상의 경우 방수 공사가 잘 되어 있는지 미리미리 확인해야 합니다. 장마철이 시작됨과 동시에 천장에 비가 세는 바람에 엄청나게 고생을 할 수도 있으니까요.

거미줄 놀이

처음 이사 왔을 때 바퀴벌레만큼이나 나를 기겁하게 한 것이 있었으니, 그것은 바로 거미줄이었다. 천장 구석에 치렁치렁 걸려 있던 거미줄은 긴 막대로 거둬내는 데도 온몸이 쭈뼛거렸고, 작은 거미 한 마리라도 마주칠 때면 아악 소리가 절로 나왔다. 나에게 거미줄은 그야말로 공포 그 자체였다.

여름비가 연일 계속되던 어느 날, 새벽에 오랜만에 비가 그쳐 기쁜 마음으로 마당에 나갔다. 잔디에 맺혀 있던 빗방울들이 기분 좋게 발등을 스쳤다. 마당에 묶여 있던 요조도 긴 혀를 내밀며 기지개를 켜다 이내 꼬리를 흔들며 집에서 나왔다.

"요조! 잘 잤어?"

아침인사를 건네며 요조의 머리를 쓰다듬어주는데 무언가 반짝거리며 시선을 잡는 게 있다. 가만히 들여다보니 향나무 위로 하얀 실들이 너슬너슬 드리워져 있다. 발걸음을 옮기자 실들은 더욱 눈부시게 빛났다. 그런데…… 이건, 거미줄?

눈앞에서 아롱거린다. 작은 물방울을 가득 안고 있는 거미줄. 뜻밖의 아름다움에 마음이 쿵쾅거렸다. 분명 어젯밤 아주 작고 여린 거미 한 마리가 고운 실을 정성껏 뽑아내서 최고로 반짝이는 구슬만 골라 엮은 것이리라. 곱고 아름다운 거미줄을

illustration by Ian

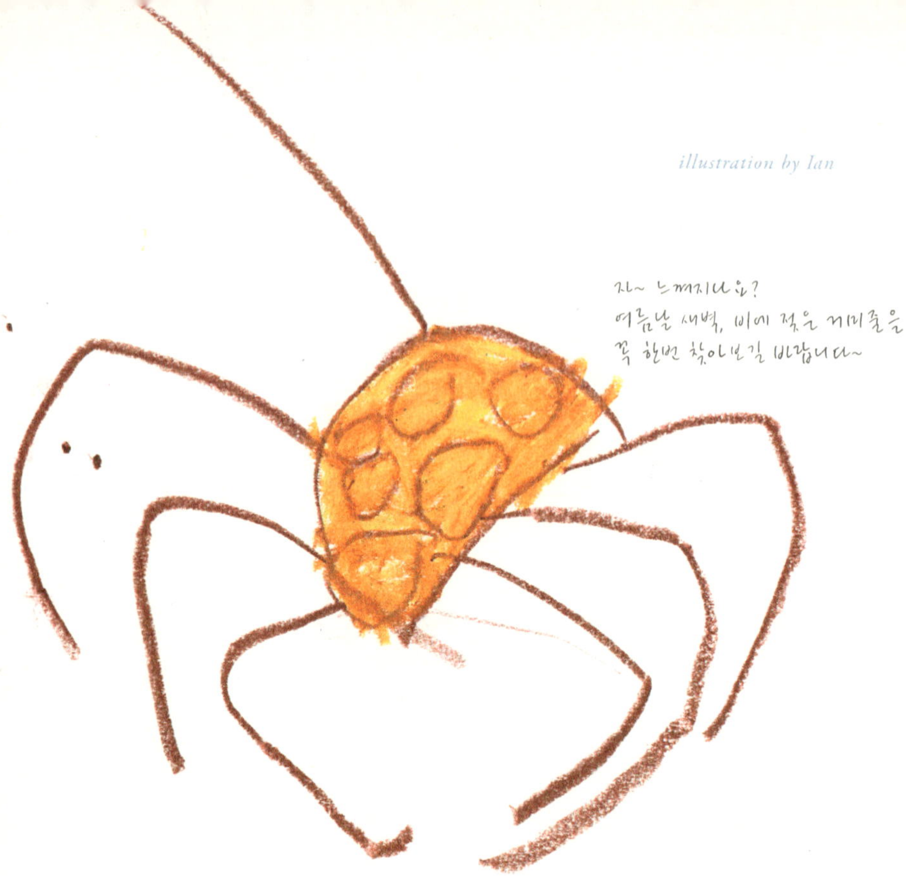

들여다보노라니 어느덧 거미에 대한 공포 따윈 우습게 사라졌다.

그 집을 떠날 즈음 나무마다 제멋대로 걸려 있던 거미줄을 기억한다. 그날 이후로 모든 거미줄을 그냥 내버려 두었기 때문이다. 그래서 마당이 약간 너저분해 보이기도 했지만, 매일매일 거미줄을 관찰하는 재미 또한 남달랐다. 옥상 난간 사이에 살고 있던 노란 배가 볼록한 거미는 터를 잘 잡은 탓인지 매일 저녁 식탁이 바뀌어서 오늘은 뭘까? 내심 궁금해지기도 했다. 바람이 부는 날이면 아이와 함께 신나게 그네 타는 거미를 구경했다. 그리고 가끔 장난으로 거미줄 한쪽 끝을 툭 끊어내면 슈욱 하고 오그라드는 모습에 신기해하다 황망한 거미를 보며 급히 미안해하기도 했다.

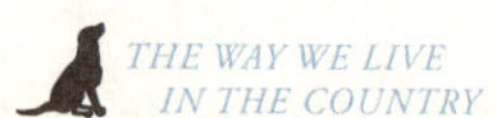

비가 내린 다음 날 새벽이면 우리는 어김없이 마당에 나가 거미줄을 바라보곤 했다. 어느 작은 거미의 바느질 솜씨에 감탄하며 그 작은 물방울들이 또르륵 마음속에 굴러들어와 사라질 때까지 말이다.

벌레나 곤충이 많나요?

집에 손님이 오면 마치 자기들이 주인인 것처럼 여기저기서 인사하러 나오는 벌레들 때문에 때 아닌 비명소리를 들었던(저에게는 재미있는^^)기억이 많습니다. 그리곤 이렇게 벌레들이 많은데 무섭거나 징그럽지 않느냐는 질문들을 꼭 한번씩 듣곤 했지요. 벌레들의 집이 흙과 풀과 나무이니 주변에 벌레나 곤충들이 많은 건 사실입니다. 그래서 여름이 되면 방충망을 꼼꼼히 달고, 집안에 바퀴나 개미가 들지 않도록 약을 놓아두곤 했습니다. 그래도 어디서 날아들었는지 잠자리에 들려고 누우면 천장 어딘가엔 커다란 나방이나 초록색 날개를 가진 날파리가 자리하고 있었습니다. 그래서 전 벌레들 세상에 우리가 집짓고 살고 있구나 생각하고 살았답니다. 그만큼 전원주택엔 벌레나 곤충이 많다는 뜻입니다!

참새와 수수

대성한 아들을 바라보는 엄마의 마음이 그럴까? 수수를 바라보면 그런 생각이 들었다. 쭉쭉 뻗은 큰 키에 붉은 머리칼이 바람에 날리면 그렇게 멋있어 보일 수가 없었다. 하루가 저물어가는 노을녘에 바라보는 수수는 검붉은 빛깔을 띠어 더욱 멋져 보였다. 참새들도 그걸 아는지 오후 다섯 시 반쯤 되면 어김없이 나타나 수수밭 위로 가로지른 전깃줄에 모여앉아 저들끼리의 수다를 떨었다.

짹짹 짹짹.

나는 조용히 참새들을 바라보았다.

'가만, 참새들이 수수를 먹나?'

이런 생각이 들자 갑자기 참새들이 수수를 다 먹어버릴까봐 조바심이 밀려들었다.

나는 부엌에 모아놓은 양파 망을 가져다 주섬주섬 수수 머리에 씌웠다.

그렇게 며칠이 지난 어느 날, 마당에서 놀던 이안이가 갑자기 집 안으로 달려와 소리쳤다.

"엄마, 저거 빨간 거 뭐야?"

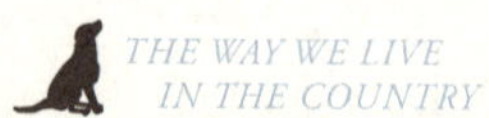

"응?"

"저거, 저기 옥수수 옆에 있는 거!"

"응, 수수……."

문득 바라본 곳엔 수수가 빨간 망태기를 뒤집어쓰고 바람에 휘청거리고 있었다. 아주 우스운 꼴이었다. 나는 마당에 나가 조심스레 수수의 양파 망을 벗겨냈다. 엉킬 대로 엉켜 떡이 진 머리의 수수를 보니 민망하고 우스웠다.

그날도 어김없이 다섯 시 반쯤 나타난 참새들은 수수를 봐도 본체만체 저들끼리 수다 삼매경이었다. 수수 몇 알 참새들이 좀 먹으면 어떻다고 망까지 씌어놓다니. 아무도 몰래 혼자 부끄러워지던 순간이었다.

옥수수 따기

한여름이건만 오히려 한기가 느껴질 정도로 며칠간 비만 내렸다. 창가에 서서 처량하게 비를 맞고 서 있는 옥수수들을 바라보며 '옥수수 익을 때가 되었는데…….' 혼잣말을 하던 찰나 이안이가 다가와 "엄마! 옥수수 먹고 싶어." 라며 입을 쫑긋거린다.

지금은 비가 너무 많이 오는데……. 나는 잠시 망설이다 우산을 들고 마당으로 나갔다. 장대비가 목을 타고 흘러내려 온몸이 오싹했다. 옥수수들도 추운 모양인지 서로 꼭꼭 붙어 서 있었다. 나는 우산을 치켜들고 잘 익은 옥수수를 찾았다. 역시나 잘 익은 옥수수는 가장 어렵고 애매한 지점에 달려 있었다. 나는 우산을 포기하고 수숫대를 헤치고 들어갔다.

툭!

하나 따서 마당으로 던졌다. 하늘 위로 포물선을 그리며 날아가던 옥수수는 현관 근처에 퍽 하고 떨어졌다. 둘, 셋, 넷, 마음속으로 숫자를 세며 힘껏 던지니 저기 창가에서 아빠와 이안이가 소리치며 손뼉을 친다.

"엄마 최고!"

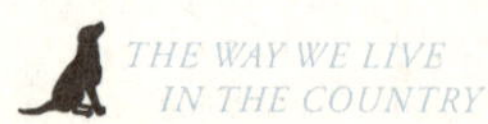

나는 흐뭇해진 마음에 흥이 나서 마당 여기저기 떨어진 옥수수를 수습해서 집으
로 향했다.

찜통에선 노랗게 옥수수가 익어가고 하늘은 언제 그랬냐는 듯 비가 그쳤다. 청명
해진 하늘은 간혹 떠다니는 먹구름을 밀어내고 이글이글 타오르는 노을빛으로 색
을 바꿨다.
우리는 옥수수를 들고 옥상으로 향했다. 장화를 신고 나온 이안이는 물웅덩이
를 이리저리 뛰어다녔다. 우리는 벤치에 쭈르르 앉아 옥수수 하모니카를 불었다.
집도 나무도 옥수수도 나도 따뜻한 바람을 즐기며 젖은 몸을 말렸다. 아직 덜 익은
듯 푸릇한 옥수수 맛이 노을에 번졌다.

메밀 베개

"엄마, 이렇게 하면 파도소리가 나."

아이는 베개에 머리를 올려놓고 누워 천장을 바라보며 몸을 좌우로 놀린다. 베개
안에 메밀껍질을 넣었더니 나는 소리다. 베개를 만들며 나는 봉평 어디쯤의 하얀
메밀꽃밭을 걷는 상상을 했는데, 이안이는 파도가 친다며 좋아한다.
꽃밭이든 파도든 아무래도 상관없다. 메밀 베개는 감싸 안은 아이의 머리를 시원
하게 해준다. 아이는 그렇게 파도소리를 들으며 뒹굴다 곤히 잠이 든다.

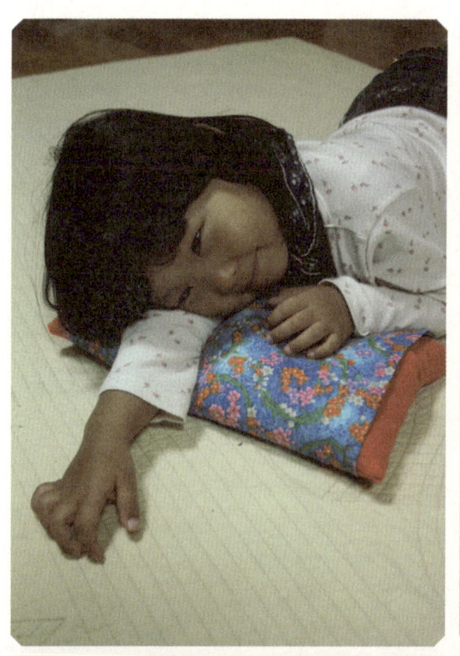
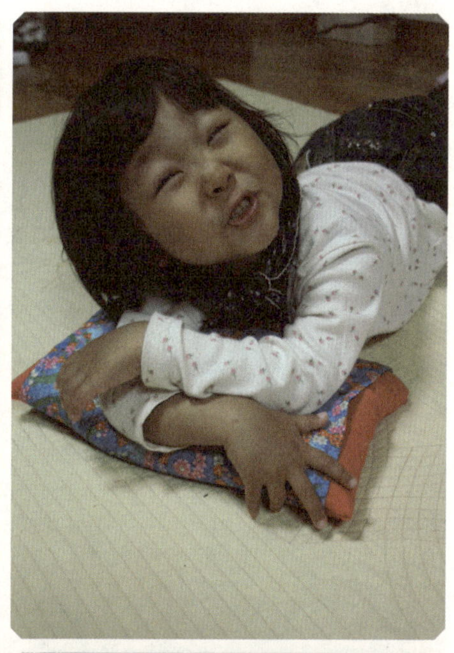

메밀베개만들기

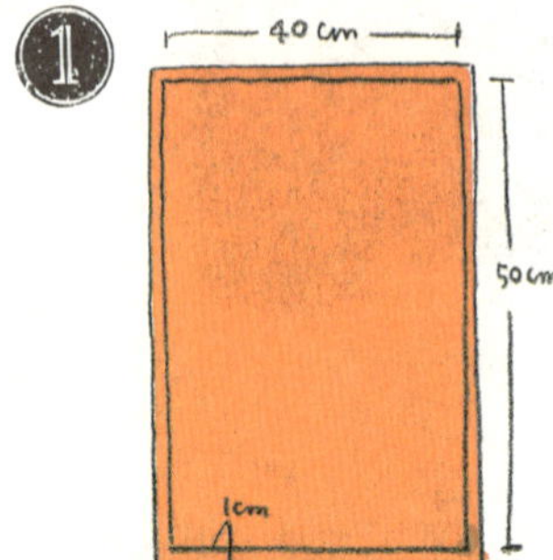

두 장의 천 뒷면에 각각 가로 40cm 세로 50cm 사각형을 그린 후 시접을 1cm 두고 재단한다.

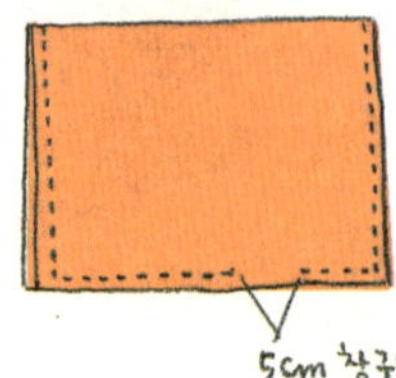

천의 겉면끼리 마주 붙인 후 5cm 정도 창구멍을 남기고 박음질한다.

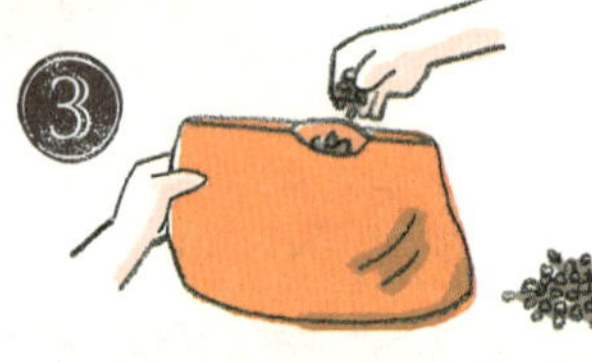

천을 뒤집은 후 창구멍으로 메밀껍질을 넣은 후 감침질하면 베갯속 완성.

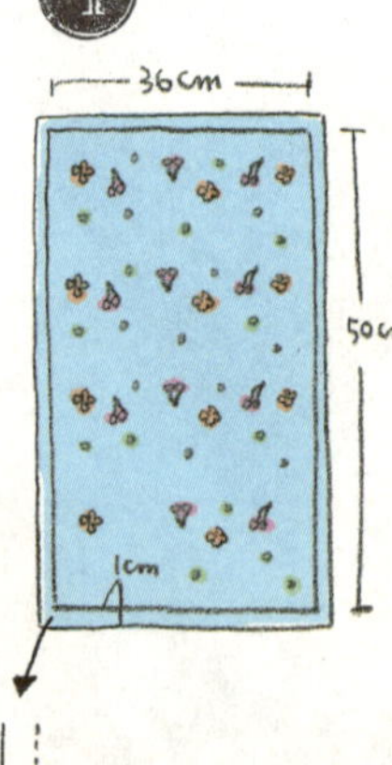

베개 커버는 재료 천의 뒷면에 가로 34cm, 세로 50cm 사각형을 그린 후 시접을 1cm 두고 재단한다.

세로 부분은 접어박기하고, 가로 부분은 서로 맞대어 박음질한 후 뒤집는다.
세로 부분을 접어 박는다.
가로 부분을 서로 맞대어 박음질한 후 뒤집는다.

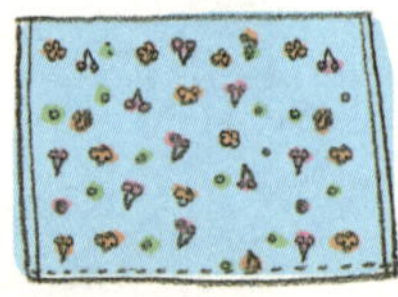

베갯속을 베개 커버로 감싸면 완성!

자전거는
우리집 자가용

쭈욱 뻗은 발 아래로 그림자가 따라온다.

덜컹덜컹.

작은 돌멩이를 이리저리 튕기며 자전거에 몸을 싣고 시골길을 달린다. 수로 주변
엔 가을 들꽃이 제법 만개했고 간혹 보이는 빨간 열매들은 상큼해 보였다.

"엄마!"

이안이가 외친다.

남편과 이안이를 태운 자전거가 빙그르르 웃으며 내 옆을 지난다.

이안이는 아빠 자전거 뒤편에 앉아 실눈을 뜨고는 헬멧이 큰 모양인지 연신 고개
를 끄떡이다 이내 아빠의 등에 볼을 바싹 기댄다. 나는 한동안 그 뒷모습을 바라보
며 달린다. 알 수 없는 온기가 가슴 가득 솟구친다.

'잊지 못할 거야……'
나는 속으로 되뇌었다. 이안이도 아빠의 따뜻한 온기를 잊
지 않겠지?

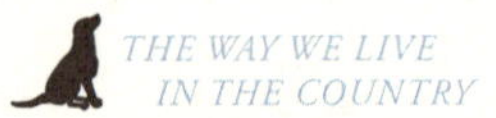

우리는 어린이집까지 왕복 16킬로미터 정도 되는 거리를 자전거로 통학했다. 처음 며칠간은 힘에 부쳐 아픈 허벅지 생각뿐이었지만, 일주일 정도 지나니 서서히 산도 보이고 들도 보이고, 작은 꽃도 새도 보이기 시작했다. 다가오는 자연이 온몸으로 흡수되는 느낌이었다. 작고 귀여운 선인장이 자라고 있는 비닐하우스를 지날 땐 요조의 노래가 흘러나오기도 했다. 사랑의 롤러코스터, 날 올렸다 내렸다~ 노래에 맞춰 오르내리던 페달은 푸른 바람 속에 사랑을 실어주었다.

교통이 많이 불편할까요?

교외에서 생활하다보면 의외로 교통비가 많이 드는 것이 사실입니다. 마트나 어린이집, 병원, 심지어 세탁소에 가려 해도 차를 이용해야 하니까요. 그래서 처음 집의 위치를 정할 때 가족들의 생활반경을 잘 파악해서 정해야 합니다. 아이와 함께 생활하는 것이니만큼 어린이집, 유치원, 병원 등 기본적인 생활 기반 시설과의 거리도 세심하게 살펴보아야 합니다.

THE WAY WE LIVE
IN THE COUNTRY

구름

마당에 누워 하늘을 바라본다.
구름이 천천히, 아주 천천히 몸을 움직인다.
십 분…… 이십 분…….
하늘만 바라보고 있다.
주위는 고요해지고, 길 잃은 개미 한 마리가 손등을 간지럽힌다.

"엄마!"
"응?"
"나 좀 봐봐."

풀밭 위에서 아이가 너울너울 춤을 춘다.
까르르 웃음이 잔디 위를 구른다.

그래, 구름을 보듯 너를 바라볼게.
그렇게 멀리서.
그리고 섬세하게.

다시 바라본 하늘엔 구름이 저만치 가 있다.

THE WAY WE LIVE
IN THE COUNTRY

THE WAY WE LIVE
IN THE COUNTRY

*
3
세번째
이야기
가을
세상을 만나다.

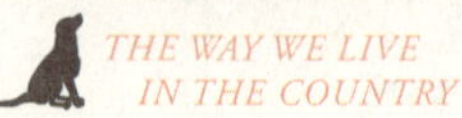

THE WAY WE LIVE
IN THE COUNTRY

식탁 위의 가을 들꽃

햇살의 기울기가 바뀌고 바람도 가을을 타기 시작하면 산과 들은 온통 가을꽃을 뒤집어쓴다. 저물녘 이안이와 함께 논길을 따라 걸었다. 논가를 따라 드문드문 가을꽃이 흐드러졌다.

"어쩜 이렇게 자연스러울까?"

"엄마 자연스러운 게 뭐야?"

"음, 자연처럼 보이는 거?"

"자연이 꽃이랑 나무랑 산이랑 그런 거지?"

"그렇지."

"그럼 꽃은 당연히 자연스럽지."

"후훗, 그러네."

마치 선문답 하듯 아이와 이야기를 나누다 맘에 드는 들꽃을 몇 송이 꺾었다. 집으로 돌아와 식탁 위에 올려둔 가을 들꽃은 그대로 가을이 되었다.

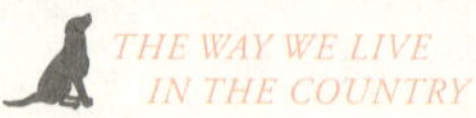
THE WAY WE LIVE
IN THE COUNTRY

황금빛 정원

집 근처 산책로를 걷다 보면 드문드문 논이 있었다. 봄이 되면 겨우내 바싹 말라
있던 논두렁에도 푸릇한 기운이 돌고, 흙도 몸이 풀리는지 크게 기지개를 켰다. 오
월이 되면서 본격적인 논농사를 위한 물 대기가 시작되면 이때부터 아름다운 논의
여정이 시작된다. 논물은 고작 발목을 덮는 정도의 깊이지만 해가 뉘엿뉘엿 질 즈
음이 되면 마치 깊은 호수처럼 느껴졌다. 우리는 한동안 논가에 서서 물 위로 어
리는 햇살을 바라보았다.

한동안 말없이 서 있던 이안이가 말한다.
"엄마, 나는 저기서 스케이트 타고 싶어."
"음, 그러고 보니 스케이트장 같네. 엄마는 배 타고 싶은데."
어둠이 깔리자 개구리들이 노래하기 시작했다. 그렇게 며칠이 지나 논흙이 물렁
물렁해지면 작은 모가 심어졌다. 듬성듬성 자리 잡은 모는 금세 자라나 엷은 연
둣빛의 벼가 되었다. 하얀 구름이 내려앉아 쉬고 있는 논 위엔 작고 앙증맞은 개
구리밥이 유유히 떠다니고 그 사이로 소금쟁이와 우렁이, 올챙이와 물방개가 열

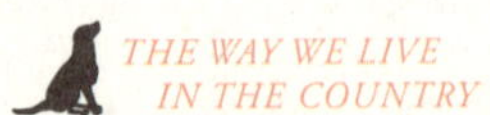

심히 헤엄쳤다.

한여름, 뙤약볕 아래 짙푸른 논은 심심해 보이기 그지없지만 사실은 그 어느 곳보다 왁자지껄한 공간이다. 무더위가 주춤하는 날이면 우리는 양산을 받쳐 들고 논두렁에 쪼그리고 앉아 그 모습을 구경하곤 했다. 그러면 어느새 두루미들도 날아와 사뿐사뿐 논 위를 걸어 다녔다.

기나긴 장마와 태풍을 이겨내고 익어가는 가을의 논은 맑고 투명한 초록빛과 금빛이 공존했다. 벼와 시선을 맞추면 어김없이 파란 하늘이 눈에 가득 들어왔다. 나는 그 황홀경을 놓칠세라 매일 사진기를 들고 산책길에 나섰다. 그리고 이 아름다움이 사라지지 않길 바랐다. 하지만 트랙터는 늘 생각보다 빨리 나타났고, 나의 아름다운 노란 정원은 꿈처럼 사라졌다.

겨울 산책길, 논두렁 위엔 단단하게 묶인 볏짚이 하얗게 눈을 뒤집어쓰고 여기저기 놓여 있었다. 풍요로 넘쳐나던 논은 그렇게 깔끔하게 한 해를 마무리했다.

THE WAY WE LIVE
IN THE COUNTRY

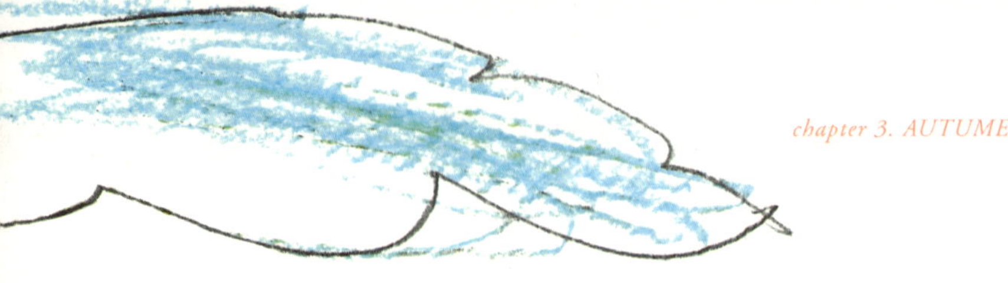

소가
떠나던 날

음메에~
"들었어?"
"응?"
음메에~
"어!"
아침을 먹던 중이었다. 생각지도 못한 소울음 소리가 귓가에 들려왔다. 식사를 마친 우리는 누가 먼저랄 것도 없이 소를 찾아 나섰다.

음메에~

울음소리를 향해 십분 가량 걷다 보니 아담한 시골집이 나오고 뒤편엔 회색 창고가 보였다. 문이 반쯤 열려 있는 그곳엔 예닐곱 마리의 소들이 까만 눈을 끔뻑이고 서 있었다. 바람을 따라 날아든 소똥 냄새가 코를 턱턱 막았다.
"엄마. 저게 소야?"
소를 처음 본 이안이가 상기된 목소리로 속삭였다. 왠지 소가 들으면 안 될 것 같

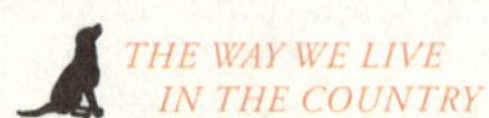

았나 보다. 소들은 이제 막 목욕을 한 것처럼 깔끔한 모습이었다. 우리는 소똥 냄새가 몸에 밸 정도로 한참을 있다가 집으로 돌아왔다. 그리고 우리의 산책 코스에 회색 창고를 추가시키곤 자주 소를 만나러 갔다.

음머~ 음머~ 으머어~~
집 밖에서 쉴 사이 없이 격한 울음소리가 들려왔다. 우리는 황급히 마당으로 나갔다. 집 앞 도로 위엔 소 두 마리를 태운 파란색 트럭이 지나고 있었다. 이안이는 손끝으로 내 허벅지를 치며 물었다.
"엄마, 소들이 왜 저래?"
나는 잠시 멈칫했다.
"응, 어디 가나 봐. 그런데 소들이 차를 처음 타봐서 멀미가 나나 봐."
이안인 금세 울상이 되어 말했다.
"불쌍하다. 막 울잖아."
"그래. 그러네."

그날은 유난히 볕도 좋은 날이었다.
우리는 마당에 서서 파란 트럭이 보이지 않을 때까지 서 있었다. 도축장으로 향하는 소들의 모습에 마음이 아팠다. 나는 소들이 가는 길이 편안하길 기도했다.

도시로
소풍 가기

사실 우리가 사는 곳은 도심 번화가와 그리 멀지 않은 곳이었지만 걸어서 닿는 생활 반경 안엔 온통 풀과 나무, 밭과 산뿐이라 마치 강원도 어디쯤의 깊은 산골에 사는 것 같은 기분이 들곤 했다.

도심에 살 때는 흙을 밟고 사는 삶이 로망이었건만 막상 흙과 풀로 가득한 초록 세상에 살다 보니 되레 회색빛 도심이 때때로 그리워지곤 했다. 그래서 우리는 일주일에 한두 번 정도 도심으로 소풍을 갔다. 홍대 앞 골목 구석구석을 돌아다니기도 하고, 삼청동 길을 따라 걷기도 했다. 그냥 천천히 걷다가 고양이를 만나면 같이 사진도 찍고 맛있는 초콜릿이 진열된 가게가 보이면 작은 봉지 초콜릿을 하나 사서 오물거리며 걸었다. 서점이 나오면 책을 보고, 놀이터가 나오면 그네도 타고. 그렇게 유유자적 걸음을 옮기다 보면 아쉬웠던 문화생활에 대한 갈증이 해소되는 듯했다.

시골과 도시, 자연과 문화, 아이의 세계와 어른의 세계……. 삶의 균형을 맞춰 나가는 일 역시 중요했다. 그래서 도심에 사는 지금은 초록 세상에 자주 몸을 담으려 한다. 초록이 보이지 않으면 마음만이라도 담으려 한다. 자연에 깃들어 있는 깊은 감성의 수분을 온몸에 뿌려주려 한다.

천천히…… 천천히…… 그렇게 들어선 자연엔 어느새 아이도 들어와 놀고 있었다.

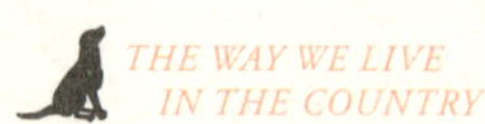

문화적 소외감은 어떻게 극복하나요?

자연과 함께 살고자 굳게 마음먹었어도 마음 한켠에 이는 아쉬움이 있다면 역시나 도심의 풍부한 문화적 혜택일 것입니다. 우리 가족 또한 초록 들판과 파란 하늘만 바라보기에는 지금까지 누려온 문화적인 길들임이 매우 컸지요. 때로는 도시사람들에 비해 문화적으로 너무 도태되어 가고 있는 것은 아닐까 조바심이 일기도 했답니다. 그래서 일주일에 한 번은 꼭 도심으로 나들이를 했습니다. 엿새 동안의 전원생활과 하루 동안의 문화생활은 적당한 리듬감으로 생활에 활기를 불어넣어 주었고, 미리 계획을 짜서 떠나는 나들이다 보니 오히려 도심에 살 때보다 훨씬 더 알찬 시간을 보냈던 것 같습니다. 꼭 일주일에 한 번은 아니더라도 가족의 라이프 스타일에 맞춰 답답하지 않을 정도의 리듬감으로 규칙적인 도심 나들이를 계획해 보세요.

가을밤

또록 또록 또르르륵……．
아이의 방에는 달빛이 어리고 나지막이 풀벌레 소리가 들려온다.
투르르르르, 투르르르르.
점점 선명해지는 소리.
아마도 어느 벌레 한 마리가 창가에 기대어 노래를 부르고 있나 보다.

이사 가면 혼자서 잠을 자겠다고 큰소리치던 아이는 달빛도 풀벌레 소리도 무서
운지 쉽게 용기를 내지 못했다. 하지만 누가 강요한 것도 아닌데 스스로 큰소리
친 것이 못내 마음에 걸렸는지 며칠이 지나자 침대가 있으면 혼자서 잘 거라고 협
상안을 내놓았다. 그래서 우리는 아이에게 작은 침대를 하나 마련해 주었다. 천장
에 달아놓은 모기장을 침대 모서리에 드리우니 보기만 해도 스르륵 잠이 올 정도
로 아늑해 보였다.
아이는 잠이 들기 전 의식처럼 여러 가지 일들을 했다. 우선 아름다운 불빛(스탠
드 조명의 노란 불빛을 그렇게 불렀다)을 켜고, 책꽂이에서 읽고 싶은 책을 두어
권 골라 와선 좋아하는 인형들을 베개 주변에 주르륵 둘러앉혀 놓고 그 안에 몸을
뉘었다. 그러면 나는 나지막한 목소리로 책을 읽어주었다. 처음 며칠은 쉽게 잠들
지 못해 뒤척이는가 싶더니 언제부턴가 두 번째 책은 피곤하다면서 내일 읽자 한
다. 아이 나름의 포근한 잠자리를 마련한 셈이었다. 다음날부터 아이는 따뜻한 아
침 햇살 아래 자기만큼 귀여운 인형들과 함께 기지개를 켰다.

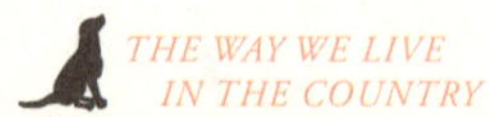

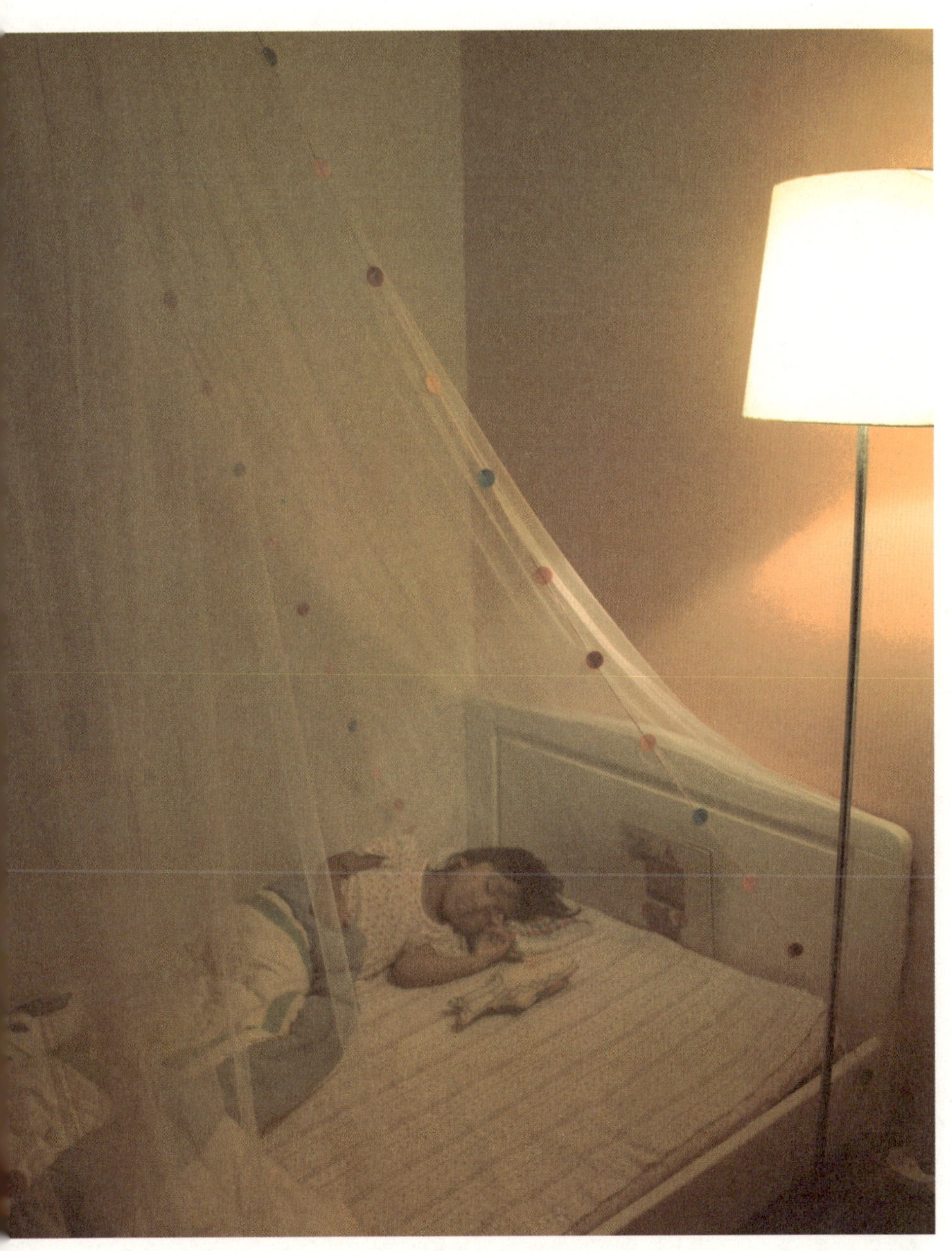

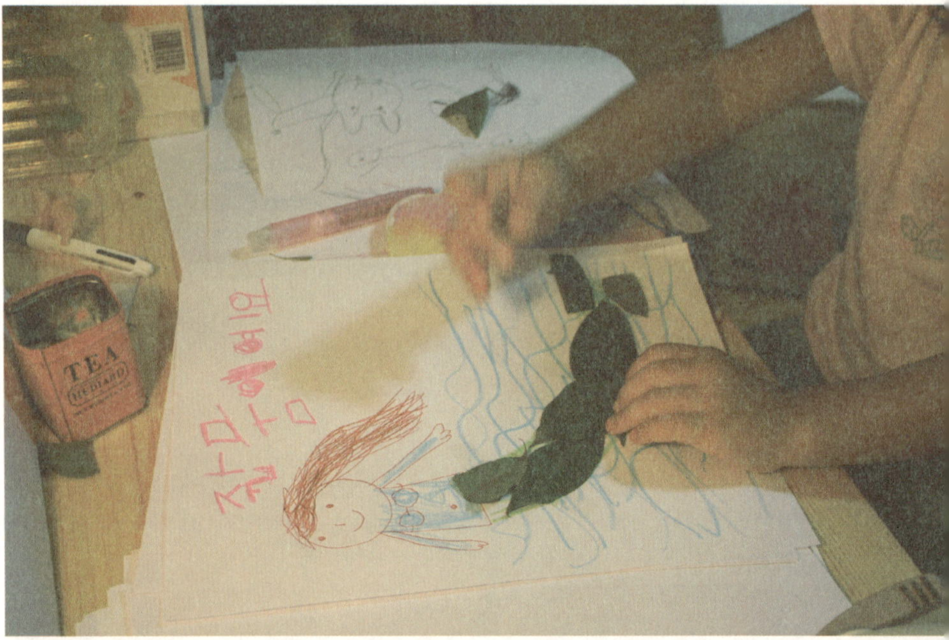

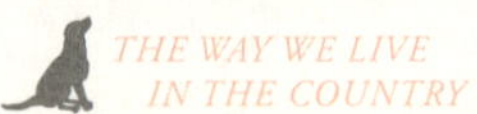

마당 탐험

"아빠, 이거 엄마랑 마당에서 주운 거야."
이안이가 들고 있는 바구니에 풀잎과 열매들이 가득하다.
우리는 마당에 놓인 테이블에 흰 종이를 깔고 바구니에 담긴 것들을 하나씩 늘어
놓았다. 선명한 가을빛이 은은하게 배어 나온다.

"우리 이걸로 얼굴 한번 만들어볼까?"
"응! 재밌겠다."
이안이는 고사리 같은 손을 놀려 반짝이는 알밤으로 눈을 만들고, 살짝 구부러진
낙엽을 입가에 놓았다. 그 가운데 목련 열매를 놓아두니 가을을 닮은 여인이 미
소 짓는다.
찰칵! 찰칵!
남편이 재빨리 달려와 사진을 찍었다.

바로, 이렇게!

엄마놀이

내게도 어릴 적 '어제 놀다 두고 온 나뭇잎배'처럼 어제 놀다 두고 온 소꿉놀이 때문에 잠이 오지 않았던 기억이 있다. 벼 모양의 풀을 모아서 밥을 하고, 벽돌을 갈아서 양념하고, 촉촉한 진흙으로 떡을 만들었다. 친구가 둘이 모여도 혹은 셋이 모여도 모두 저마다 엄마를 자청했으니, 소꿉놀이라기보다는 엄마놀이라 불렀던 것 같다.

마당 한 귀퉁이엔 각종 재활용 그릇과 소꿉놀이 장난감들이 가지런히 놓여 있고, 이안이는 마당을 이리저리 돌아다니며 요리 재료를 모았다. 봉숭아 가지에 대롱대롱 매달려 있는 씨앗도 따 모았다. 톡톡 손으로 눌러 튀어나오는 까만 씨는 깨로 쓰면 딱이니까.
이안이는 한동안 토끼풀밭에 웅크리고 있더니 돌판 위에 토끼풀 꽃을 가득 올려놓고 다른 돌로 문질러서 반찬을 만들었다. 조물조물 귀여운 아이의 손놀림이 마치 장금이라도 된 듯 분주하다.
"엄마야, 아빠야, 밥 먹자."
제법 그럴듯하게 차려진 밥상에 초대받은 남편과 나는 포크부터 들었다.

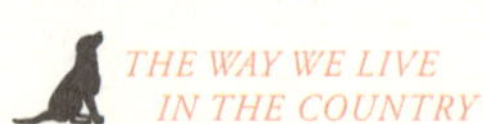

"아니, 밥은 숟가락으로 먹고 포크는 과일 먹을 때 써야지."
"그래 그렇지!"
가르쳐주는 대로 먹어야지.
오늘은 아이가 엄마니까.

이안이는 두 계절이 지나도록 엄마놀이에 푹 빠져 있었다. 엄마 역할이 좋은 모양이다. 그럴 때마다 나는 어린 시절 아이로 돌아가 엄마가 차려주시던 밥상을 떠올렸다.

아이가 태어나고 난 후 엄마인 내게 자동으로 부여된 책임감은 사실 얼마간은 충격으로 다가왔었다. 저 작은 아이는 내가 밥을 챙겨주지 않으면 안 된다는 것. 엄마로선 당연한 일이건만, 처음엔 믿어지지 않을 정도로 그 사실이 부담스럽기만 했다. 물론 지금은 익숙해져서 '엄마 밥!' 하면 뚝딱 한 상을 차려 내놓을 정도가 되었지만.

하지만 아이가 훌쩍 자라버린 지금도 밥상에 올릴 반찬거리 걱정은 여전하고 때로는 그 때문에 우울해지기도 한다. 그럴 때면 나는 일기장에 이런 글귀를 적곤 했다.

'아이의 밥상에 사랑을 담아주자. 밥+사랑'

그리고 밥을 차릴 때마다 '맛있어져라!'하고 주문을 걸었다. 그렇게 마음먹고 만든 밥상은 마술과도 같아서 아이는 매번 맛있게 잘 먹어주었다.
아이가 차린 정성스런 밥상을 받으면 나도 잘 먹는 것처럼.

illustration by Ian

THE WAY WE LIVE
IN THE COUNTRY

고구마야,
고마워!

오월, 땅속에 온기가 가득 차오르면 도톰한 흙무더기를 올려 귀여운 밭고랑을 만든 후 고구마를 심었다. 포실한 흙을 헤집고 고구마 줄기를 땅속에 묻으면 시들하던 이파리는 이내 기운을 차리고 땅속에 뿌리를 내렸다. 이제 흙 속에 고구마를 안쳤으니 남은 건 고구마가 자라기를 기다리는 일. 보랏빛 줄기를 따라 돋아난 푸른 잎이 작은 바람에도 손짓하며 여러 날을 보냈다.

"엄마! 여기, 고구마!"
제 팔뚝만 한 호미를 들고 열심히 땅을 헤치던 이안이가 드디어 고구마를 찾아냈다.
"와! 신기하다! 다 자랐나 보네."
아빠가 커다란 삽을 들고 달려가 땅을 파자 곧 굵은 고구마들이 하나 둘 얼굴을 내밀었다. 흙투성이에 제멋대로 생긴 고구마들은 마치 보디빌더처럼 터질 듯 근육을 자랑했다.
"엄마! 이것 봐."

"왜! 이안이 얼굴만 하네!"
우리는 감탄사를 연발하며 커다란 종이상자에 차곡차곡 고구마를 담아서 베란다
의 작은 항아리에 옮겨 담았다.

겨울 추위가 한창일 때면 우리는 난롯가에 모여앉아 활활 타오르는 장작더미를 바
라보며 고구마가 익기를 기다렸다. 얼굴이 벌겋게 달아오를 즈음이 되면 어김없이
온 집 안에 꿀향기가 퍼져나갔다. 고구마가 다 익었다는 신호다. 난로 위쪽에 붙어
있는 구이통을 조심스레 열어보면 역시나 잘 익은 고구마가 줄지어 누워 있었다.
갈라진 껍질 사이로 노란 속살이 보이면 어느새 행복감에 휩싸여 고구마를 한 입
베어문다. 향긋한 달콤함에 입안이 호사스러워진다.
"엄마, 꿀맛 같아."
"응, 정말. 그러고 보니 고구마는 땅속 꿀단지네?"
"그럼 우린 꿀벌이야? 엄마는 여왕벌이고?"
사뭇 진지한 이안이의 표정에 우리는 깔깔 웃었다. 입가에 묻은 검댕이도 터져나
온 웃음에 한몫했다. 눈물이 날 만큼 웃어대다가 순간, 나는 고구마에게 너무나 고
마운 마음이 들었다.

이 고구마엔 행복 바이러스라도 숨어 있는 걸까?

겨울이 지나고 땅이 풀릴 무렵이 되자 항아리 속 고구마도 저마다 싹을 틔우며 봄
준비가 한창이었다. 우리도 다시금 땅을 돋아 밭고랑을 만들었다. 안 쓰던 땅까지
새로 일궈 고구마밭을 만들곤 밭을 세 배 정도 늘렸다. 그리고 그해 정말 엄청난
양의 고구마를 수확했다. 우리는 우리 먹을 양만 항아리에 채우고, 나머지는 흙을
털어 곱게 포장한 후 지인들에게 나눠주었다. 튼튼하고 어엿한(?) 고구마를 선물
할 땐 알 수 없는 자부심과 기쁨이 맴돌았다. 고구마엔 진정 행복 바이러스가 숨
어 있는 게 틀림없다.

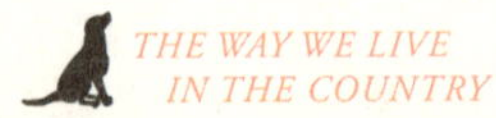

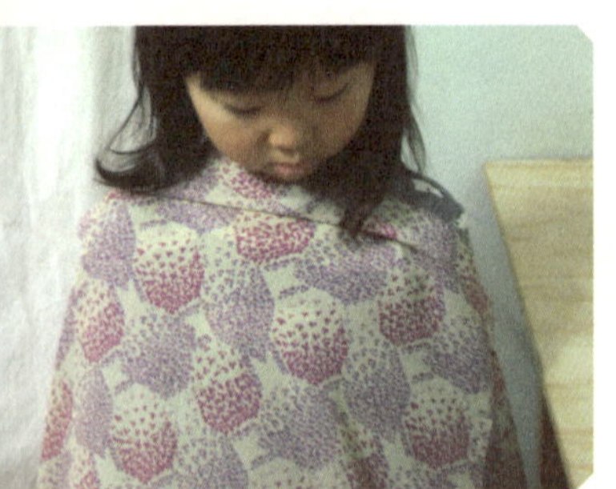

우리 집 미용실

illustration by Ian

대학 시절 잠시 외할머니 댁에 산 적이 있다. 그때 외할머니가 가지고 계시던 오래된 롱치마가 하나 있었는데 그 빈티지한 색감과 패턴이 너무 예뻐서 늘 가지고 싶었다. 그러던 어느 날, 장롱을 정리하시던 외할머니가 그 치마를 내어놓으셨다.
"필요하면 가지렴."
그후 나는 할머니의 롱치마를 소중히 간직했다. 언젠가 꼭 커튼을 만들거나 짧은 원피스를 만들어 입어야지 생각하면서.

이안이는 태어나서 지금껏 한 번도 미용실에 가본 적이 없다. 어릴 적 엄마가 내 머리를 전담해 주셨던 것처럼 나도 아이가 어느 정도 자랄 때까지는 전담 미용사가 되어주고픈 마음에서였다. 아이의 머리가 지저분해질 즈음이 되면 나는 방 한쪽에 미용실을 차렸다. 미용실 가운은 할머니의 롱치마가 대신해 주었다. 카랑카랑한 천의 감촉과 차분한 색감이 아이를 편안하게 감싸주는 듯했다. 삭둑삭둑 어설픈 엄마의 가위질에도 눈을 꼭 감고 앉아 있는 아이의 엷은 머리카락이 할머니 치마 위로 스르륵 흘러내려갔다.

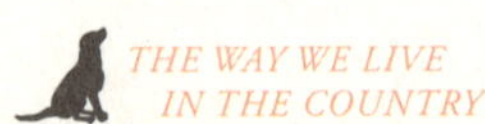

이안이가 조금 컸을 때 나는 치마 가운의 출처를 알려주었다. 이안이는 머리를 자를 때마다 그 사실을 알면서도 꼭 한 번씩 묻곤 했다.

"이거 큰외할머니 치마였어?"

"응!"

"어떻게 이렇게 좋아?"

"하하하. 좋지? 머리카락도 안 묻고."

지금도 여전히 이안이의 미용사는 나다. 그리고 머리를 자를 때마다 매번 우리는 세월을 거스르는 추억의 시간여행을 즐기고 있다.

 우리 집 아뜰리에

아침에 일어나보니 이안이가 속옷 바람으로 이젤 앞에 서서 붓을 놀리고 있다. 쭈욱 뻗은 아침 햇살이 아이를 비추고, 아이의 헝클어진 머리와 진지한 눈빛이 대조를 이루며 절로 웃음이 났다.

아이의 그림 속엔 한 아이가 우산을 들고 서 있었다. 배경은 파란색 수채물감처럼 물기가 가득한 비 오는 풍경.
나는 조용히 물어본다.

"이안이 뭐 그려?"
"어, 꿈꾼 거."

아이는 한참 동안 진지하게 붓을 놀리다 그림을 완성했는지 화장실로 달려간다.
그림엔 비가 내리는가 싶더니 무지개도 보인다. 꿈속에서 무지개를 보았나 보다.
방 한 칸을 아이의 아틀리에로 만들길 잘했다는 생각이 든다. 말이 거창해서 아틀

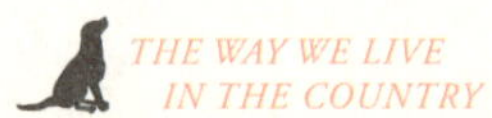

리에지 사실은 우리가 가지고 있는 모든 미술용품을 한곳에 모아둔 방이다. 좋은 연장이 좋은 작품을 만든다는 생각에 남편과 나는 비싼 물감과 붓을 아이 앞에 아 낌없이 내놓았다. 공간의 이름도 아틀리에이니 아무렇게나 어지럽혀도 상관없다. 말 그대로 상상력을 무한대로 늘어놓고 표현할 수 있는 공간이다. 우리 가족은 자 유로운 그 공간을 진지하게 혹은 재미있고 유쾌하게 즐긴다.

우리집이뜰리에 풍경

우리집이뜰리에 풍경

simple life
nature
www.lunehouse.com

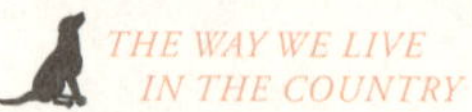

THE WAY WE LIVE
IN THE COUNTRY

정겹고 예쁜
시골꽃들

집에서 그리 멀지 않은 곳에 외할머니께서 가꾸시던 밭이 있었다. 밭 입구 쪽엔 작은 쉼터 겸 하우스가 하나 있는데, 그 입구가 가꾼 지 오래된 꽃밭이라 봄이 깊은 날이면 꽃향기가 가득했다.

꽃들은 채송화, 꽈리꽃, 각시꽃, 금초롱, 며느리밥풀꽃, 갓꽃, 접시꽃, 맨드라미…… 등등 아주 오래 전 우리나라 어느 시골집 우물가에 피었다는 꽃들은 죄다 그곳에 모여 있는 듯했다. 나는 그런 꽃들이 촌스럽게 여겨져 나중에 나만의 정원이 생긴다면 타샤 할머니처럼 멋진 꽃들만 심어야지 생각했었다. 그런데 막상 이 시골꽃들을 가까이 두고 자주 보다 보니 참으로 정겹고 예쁘다는 생각이 절로 들었다. 어쩔 수 없이 놔두고 있는 잡초들과도 잘 어울렸다. 시골 공기의 색과도 잘 어울렸다. 이런 공기엔 오히려 파스텔 색조의 꽃들이 어울리지 않을 듯싶을 정도로.

도라지 꽃밭을 지나면 여린 도라지 꽃잎이 한들한들 바람에 아른거렸다. 엄지와 검지로 살짝 꽃잎을 건드리면 보자기가 풀리듯 꽃잎을 펼치는 모습이 너무 예뻐 집으로 가져가면 채 5분도 지나지 않아 픽하고 시들어버렸다.

이안이가 다니는 어린이집에서는 친구 생일이면 각자 꽃을 한 송이씩 준비해서 꽃다발을 만들어 선물하곤 했다. 한 달에 한두 번 있는 생일 행사지만 매번 꽃집까지 가기가 여의치 않아 이안이와 함께 백일홍을 사다 마당에 심었다. 백일홍은 색이 진해 예쁘기도 하지만 튼튼하기도 해서 끊임없이 꽃을 피워주었고 생일이 있는 날이면 어김없이 좋은 선물이 되어주었다. 그래서 우리는 백일홍을 '선물꽃'이라 불렀다.

지천으로 피어 있는 계란꽃(망초꽃)을 보면 어릴 적 친구를 만난 듯 반가운 기분이 들었다. 시골 논두렁 초록빛이 지겨울까 봐 알아서 꽃을 피워 화사함을 선물하는 계란꽃이 좋아 사진기를 들고 산책하러 나간 날엔 모두 계란꽃 사진뿐이었다. 달밤, 달맞이꽃 또한 참으로 예뻤다. 달맞이꽃 노란빛은 달빛을 받으면 묘하게 부드러운 빛깔로 변했다. 마치 분을 바른 듯. 여름 논길을 걸으면 어김없이 달맞이꽃이 우리를 맞아주었다.

이따금 도시에서 마주하는 반듯한 회색빛이 낯설게 느껴질 때면 다정한 꽃들이 사시사철 눈앞에 있어주는 것만으로도 참 호강하는구나 하는 생각이 들었다. 소박하고 어여쁜 꽃들이 늘 마음에 들어와 한들거리니 마음은 이미 꽃밭이었다.

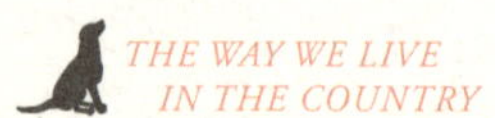

손님맞이

마당 있는 집에 살다 보니 자연히 찾아오는 손님도 많아졌다. 젊은 사람들이 이런 시골에 산다는데 어찌하고 사는지 궁금하기도 하고, 언젠가는 자신들도 그런 집에 살리라 상상해 보러 오는 듯했다. 처음에는 부담스럽기만 하던 손님맞이도 차츰 손에 익어 나중엔 이안이까지 나름 척척 손님맞이 준비를 하기 시작했다.

아이는 주로 앨범을 늘어놓고는 손님들이 오면 나름의 가족사를 이야기해 주거나 또래 친구들과 놀 물건들을 부지런히 챙겼다. 우리는 파릇하게 잘 자란 잔디 위에 그늘막을 만들고, 그 아래 식탁을 내놓았다. 잔디 위에 놓인 나무 식탁과 의자는 바라보기만 해도 여유로운 풍경을 만들어냈다. 남편이 고기를 굽기 위해 숯에 불을 붙이기 시작하면 손님들은 바구니에 채소와 과일을 따 담았다. 아이들은 상추잎에 붙은 달팽이나 무당벌레를 보며 연신 들뜬 함성을 질러댔다. 그럼 이안이는 보란 듯이 지렁이나 왕개미를 손으로 들어보이며 뭔가 자랑스러운 듯 미소를 지었다.

왁자지껄한 고기 파티로 배가 든든해지면 각자 풀밭 위에서 한가로운 오후를 즐겼다. 콧등엔 부드러운 바람이 지나고 아이들이 만들어낸 비눗방울은 오색빛깔로 반

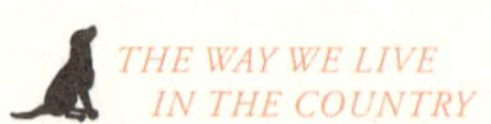

짝이며 날아다니다 톡 하고 사라졌다. 담소가 있어도 좋고 없어도 그만이었다. 부드러운 야외의 공기는 사람과 사람 사이의 틈새를 채워주는 듯했다. 말없이 웃는 눈을 바라보니 나도 마음이 편안해졌다.

날이 어둑해지고 손님들이 집으로 하나둘 돌아가면 우리는 마당에 덩그러니 놓인 식탁에 둘러앉아 밤하늘을 바라보았다. 남편은 작은 라디오를 꺼내와 조용하게 음악을 틀었다. 사람들이 지나고 나니 고요함이 더한 듯했다. 뭔가 특별한 느낌이었다. 조용한 일상 속에 상대적으로 느껴지는 더한 고요함. 그것이 좋았다. 어쩌면 그래서 늘 손님들이 집에 오는 것이 좋았는지도 모른다.

집은 끊임없이 다정하고 낭만적인 추억을 낳아주었고 우리는 그 추억들을 마음속에 열심히 주워담았다. 집이 단순히 삶을 영위하는 공간으로서가 아닌 무언가 영감을 주고받을 수 있는 곳이길 바라서였는지도 모른다. 전원을 떠나 도시로 돌아와 살고 있는 지금도 나는 가끔씩 다시 전원주택으로 돌아가는 것에 대해 심각하게 고민하곤 한다. 그건 집으로 찾아오던 손님들이 그리워서이기도 하고, 손님들이 돌아가고 난 후의 그 고요함이 그리워서이기도 하다. 아련해진 마당의 추억이 언젠가는 다시 현실이 되길 바라는 마음으로 나는 오늘도 그 시간들을 그리워한다.

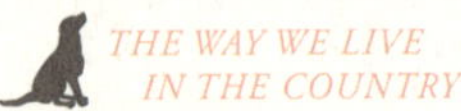
THE WAY WE LIVE
IN THE COUNTRY

이름 모를 꽃

"넌 이름이 뭐니?"

"……."

"예쁘다."

"……."

"뭐 이름 좀 모르면 어때?"

"……."

네가 거기 그렇게 있고

내가 너를 느끼면 그만인 것을.

THE WAY WE LIVE
IN THE COUNTRY

THE WAY WE LIVE
IN THE COUNTRY

*

4

네번째
이야기

겨울

일상을 만나다 ·

얼음

얼음!
햇볕이 땡! 해줄 때까지.

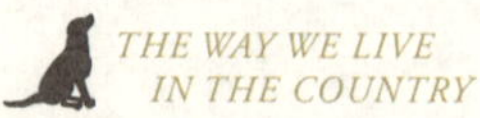

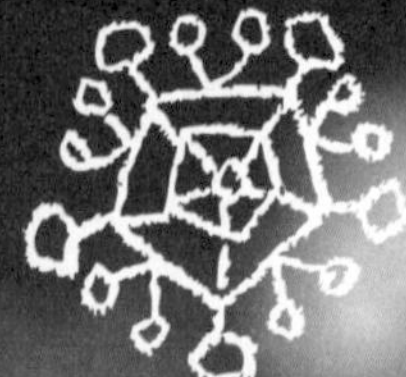

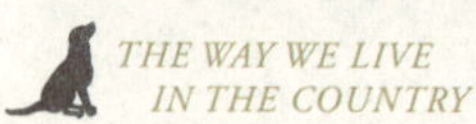

THE WAY WE LIVE
IN THE COUNTRY

난로의 계절

가을이 지나고 겨울이 찾아오는 일은 당연한 이치건만 늘 자연의 변화는 신선하게 다가왔다. 바람이 차가워지자 텃밭에 내려앉는 햇살도 길어지고 더욱 투명하고 노란빛을 띠는 듯 느껴졌다. 찬바람이 으슬으슬 불어오자 문득 난로의 따뜻한 불빛이 떠올랐다.

'재미있는 계절이 왔구나!'

난로의 계절이 온 것이다. 설렘이 몰려왔다.

집이 이웃과 어느 정도 거리를 두고 있다 보니 겨울엔 찬바람을 홀로 견뎌내야 했다. 물론 보일러를 쉬지 않고 틀어준다면 아파트에서처럼 계절을 알 수 없는 겨울을 보낼 터이지만 비용상의 문제도 있고, 마침 집에 화목 난로도 있고 해서 나무를 태워 어느 정도 난방을 하기로 했다.

장작은 한 트럭씩 판매를 하는 곳이 있기도 했지만 우리는 산책하다 눈에 들어오는 버려진 나무들을 주워 모아 장작으로 삼기로 했다. 사실 장작 모으기는 힘은 들었지만 재미도 있었다. 그러다 보니 길가에 버려진 판자 하나, 각목 하나가 예사롭게 보이지 않았다. 가지치기한 가로수 더미라도 만나는 날이면 노다지를 본 것처럼 좋아서 들뜬 마음으로 열심히 차에 싣기도 했다. 덩치가 너무 커서 차에 들어가지 않는 나무를 만나면 남편과 나는 안타까움의 눈빛을 교환하다 피식하고 웃었다. 아파트에 살았다면 눈에 들어오지도 않았을 저 새까맣고 먼지 탄 나무토막을 보며 진심으로 아쉬워하는 우리의 모습이 우스워서. 덩달아 아쉬워하는 이안이를 보니 더 웃겨서 우리는 길거리에 서서 한바탕 깔깔거렸다. 가끔 남편은 쓰러진 나무토막을 주워와 제법 장작 모양이 나도록 도끼질을 하기도 했다. 차고에 쌓여 있는 나뭇더미들은 바라보기만 해도 몸이 따뜻해지는 것 같았다.

추운 겨울, 난로 속에서 나무가 불길을 내기 시작하면 집안은 금세 훈훈한 기운이 가득해졌다. 우리는 가을에 모아둔 밤과 고구마를 난로 속에 넣어두었다가 포옥 익으면 다람쥐처럼 손과 입을 오그리고 앉아 맛있게 먹었다. 따뜻한 기운이 마음속까지 퍼졌다.
난로에서 나온 재는 옥상 퇴비통에 넣어두었다. 농사짓는 이웃집에서 얻어온 쌀겨와 음식물 찌꺼기 등을 같이 모아두었다가 봄에 열어보면 고실고실한 흙이 되어 있었는데, 텃밭에 밑거름으로 사용하기에 그만이었다. 난로는 마치 마술상자처럼 끊임없이 무언가를 만들어냈다. 온기와 따뜻함은 말할 것도 없고, 즐거운 추억과 낭만까지 마구마구 뿜어냈다.
지금도 겨울이 되면 집안 가득 은은하게 퍼져나가던 나무 향기와 노란 고구마 속살이 그리워진다. 옥상에 솟아 있는 굴뚝으로 뭉게뭉게 피어나던 하얀 연기도.

겨울에 많이 추운가요?

전원주택의 진정한 낭만은 추운 겨울 마당에 쌓여 있는 눈으로 아이와 눈사람을 만들고 신 나게 눈싸움을 하는 데 있다고 해도 과언이 아니랍니다. 하지만 바깥과 다를 것 없이 추운 집 안에 있다 보면 추워도 너무 추워서 집이 미워지기까지 합니다. 아무래도 아파트처럼 아래 위 옆집의 온기 없이 혈혈단신 서 있는 주택이다 보니 온종일 보일러를 가동하지 않는 이상 추울 수밖에 없는 것이 현실입니다.

전원주택의 난방은 도시가스가 닿지 않는 지역이라면 lpg가스보일러, 기름보일러, 화목보일러, 심야전기보일러, 지열난방보일러 등을 이용합니다. 난방비는 각 가정의 사용량에 따라 다르겠지만 지열난방을 이용한 경우가 가장 적게 들고 심야전기 〈 화목보일러 〈 lpg가스 〈 기름보일러 순으로 비용이 많이 들어갑니다. 35평 집을 기준으로 보면 심야 보일러는 겨울철 한 달 난방비가 40만원 정도, 기름보일러는 한 달에 80만원~100만원 정도 비용이 듭니다. 가장 좋은 상태는 지열난방과 태양열을 이용한 온수 사용이라고 볼 수 있지요. 자신의 집을 직접 짓는 경우는 애초부터 효율적인 난방 시설을 선택하면 되지만 전셋집의 경우는 집을 계약하기 전에 난방이 잘 되는 집인지 아닌지를 반드시 확인해 보아야 합니다.

〈 전셋집 난방상태 확인하는 방법 〉

첫째, 보일러 시설의 종류를 확인합니다. 위에서 말했듯이 지열난방이나 심야전기보일러가 우선순위겠지요. **둘째,** 창문의 샷시가 이중창으로 되어 있는지, 문이 닫힌 창문 틈으로 바람이 드는지 손으로 대어 확인해 봅니다. **셋째,** 집 벽채의 두께가 두꺼운 집일수록 따뜻하겠지요. 내부에도 단열제가 들어 있는 집인지 확인해 봅니다. 가장 중요한 **네번째**는 바로 집의 방향입니다. 남향집의 경우 하루 종일 집안 깊숙이 해가 들기 때문에 비교적 따뜻한 겨울을 보낼 수 있습니다. 북향 집의 경우 사시사철 따뜻한 햇살을 집 안에서 찾아볼 수 없으니 추위는 말할 것도 없고 우울한 느낌마저 들 수 있으므로 가급적 피해야 합니다. 우선 이 네 가지 사항을 기준으로 난방상태를 확인하고, 보조 난방으로 집안 내부에 화목난로를 설치할 수 있는지 여부도 확인하세요. 나무로 달군 집은 찜질방처럼 훈훈하답니다.

이처럼 적절한 난방과 더불어 가족들 모두 기본적으로 내복이나 편안하고 따뜻한 실내복을 입고 온도 변화에 자연스럽게 몸을 적응시켜 나가다 보면 오히려 아파트에서보다 감기도 덜 걸리고 아무리 추운 겨울도 거뜬히 이겨낼 수 있답니다.

아르야, 바깥은 많이 춥지?

┆ 어느 겨울날

아침, 거실 창문엔 하얀 김이 아이의 키만큼 서려 있었다.

이안이는 창가에 다가가 손가락으로 무언가를 그리기 시작했다.

뽀드득… 손끝을 따라 물줄기가 생겨난다.

그리곤 호랑이 한 마리가 어흥 하고 나타났다.

우리는 호랑이를 바라보며 따뜻한 코코아를 마셨다.

아늑한 겨울날, 오전 시간이었다.

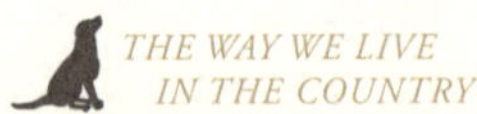

추운 겨울, 집 안은 온통 아이의 놀이터가 되었다.
집이 좀 지저분해지면 어때도,
가능한 한 아이가 마음껏 원하는 대로 해주었다.

┆물 없이 보낸 나흘

"엄마! 물이 안 내려가!"

화장실에 뛰어들어갔던 이안이가 소리쳤다.

"어? 왜 그러지?"

휘둥그런 눈으로 남편을 바라보자

"얼었나 봐……."

얼음만큼이나 무거운 대답이 돌아왔다.

설 연휴 3일간 집을 비우고 돌아온 날이었다. 연휴 첫날부터 기록적인 한파가 이어졌고, 텔레비전에서는 동파 방지 요령을 지겹도록 보여주었다. 조금 걱정스럽긴 했지만 우린 예외이려니 했던 것이다.

황급히 마당으로 달려나가 수도 계량기를 열어보니 역시나 바지직 깨져 있었다. 난감해지는 순간이었다. 매서운 추위가 계속 이어지던 날들이었다. 꽝꽝 얼어붙은 땅은 삽질을 허락하지 않았다. 우리는 나무를 주워 모아 수도관이 놓인 라인을 따라 불을 피웠다.

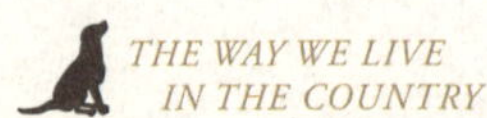

땅이 녹길 기다리다 보니 어느덧 나흘의 시간이 흘렀다. 물 없이 보낸 우리의 생
활은 말이 아니었다. 설거지와 빨래는 순식간에 쌓였고 집안에 있는 모든 것들이
꼬질꼬질해져 갔다. 화장실 물 내리기도 어려우니 화장실 가는 것도 부담스러웠
다. 머릿속엔 아프리카 아이들이 물통을 들고 두 시간을 걸어 물을 길어가는 영상
만 뱅뱅 맴돌았다.

그 사이 조금씩 녹은 땅은 드문드문 수도관을 보여주었다. 다행히 예상대로 라인
이 놓여 있었다. 때마침 수도공사에서 나온 직원이 계량기도 새로 달아주어 드디
어 오아시스와도 같은 수돗물을 만날 수 있게 되었다.
우리는 한동안 집 안에 쌓인 때를 벗겨낸 후 욕실 한켠에 커다란 들통을 마련해
두었다. 그리고 비교적 깨끗한 물들을 모았다가 변기용으로 사용하기 시작했다.
막상 이런 방법을 쓰기 시작하고 보니 들통의 물도 생각만큼 빨리 줄지 않고 변
기 레버를 내릴 일도 별로 없다는 사실에 우리는 놀랐다. 그 동안 그만큼 버려졌
던 물이 많았다는 뜻이니까. 무엇이든 역시 없어봐야 소중함을 알게 된다고, 이후
로 우리는 서로에게 물 아껴 쓰라는 잔소리는 할 필요도 없이 알아서 아껴 쓰는
모범 가족이 되었다.

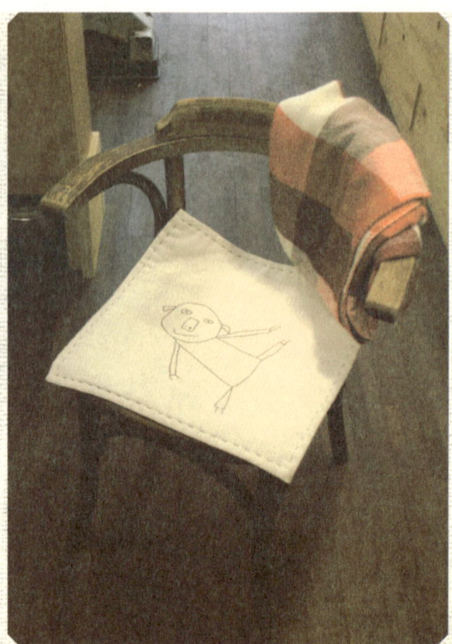

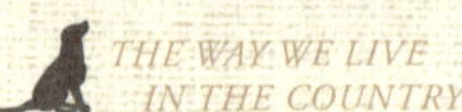
THE WAY WE LIVE
IN THE COUNTRY

인형 만들기

아이는 거침없이, 의심 없이 그림을 그린다.

나는 아이의 그림을 인형으로 혹은 방석과 쿠션으로 만들었다. 바라보기만 해도 맑아지는 그림이 물건으로 만들어져 손길에 닿으니 마음마저 맑아진다.

이런 엄마의 마을을 알아서일까. 아이는 잠이 들 때면 자신의 그림을 바탕으로 엄마가 만들어준 인형들을 머리맡에 두고 잠이 들었다. 아마도 그 인형들에서 엄마의 손길을 느낄 수 있기 때문이리라.

그래서 무언가를 그리고 만드는 작업은 소중하다.

마음에 쌓이는 그 무언가가 있다.

알 수 없는 따뜻함이 있다.

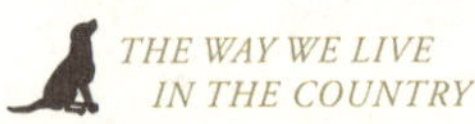

아이와 함께 인형만들기 D.I.Y.

(파마머리인형)

① 아이가 그린 그림을 스캔해 적당한 크기로 프린트한다. 천의 겉면 위에 먹지를 대고 프린트한 그림의 라인을 따라 그린다.

② 다양한 색실을 이용해 라인을 따라 박음질한다.

③ 두 장의 천을 겉끼리 마주댄 후 창구멍을 남겨두고 박음질한다.

④ 천을 뒤집어 창구멍 사이로 솜을 집어 넣은 후 홈질로 막아주면 완성.

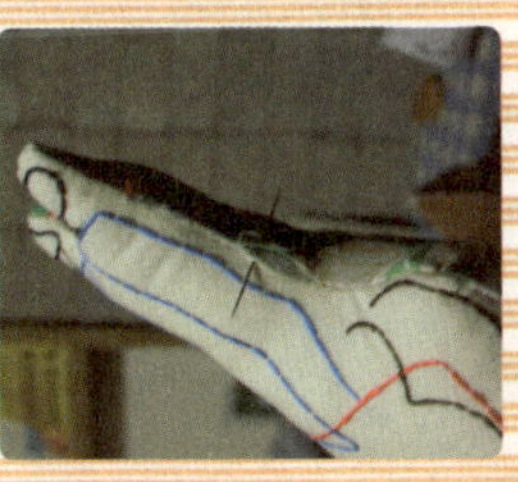

┃ 눈 오는 날

"내일 아침에 자고 일어나면 눈이 엄청 쌓여 있을지도 몰라. 그럼 우리 눈싸움도 하고 눈천사도 만들고 눈사람도 만들고. 어휴…… 할 일이 많네. 그러니까 얼른 자자. 그래야 얼른 눈을 만나지."

초저녁부터 잠투정하는 이안이를 어르고 달래 겨우 재웠다. 눈이 안 오면 어쩌나 했지만 다음날 고맙게도 마당엔 소복하게 눈이 쌓여 있었다.

우리는 너 나 할 것 없이 상기된 얼굴로 마당에 나갔다. 눈 속에 포옥 파묻힌 아로는 토끼처럼 고개를 쭈욱 빼고 까만 눈을 굴리고 있었고 요조는 그런 아로가 재미있는지 펄쩍펄쩍 뛰며 아로를 덮쳤다. 우리는 그 모습이 너무 우스워 현관에 서서 한참 동안 웃었다. 아빠 무릎까지 쌓인 눈은 마치 두터운 목화 이불 같았다. 겁 없는 이안이는 펄쩍 뛰어 뒤로 돌며 그대로 누워 팔다리를 휘저었다. 우리도 덩달아 눈밭에 누웠다.

까르르……. 머리카락이고 옷이고 할 것 없이 눈이 녹아들어 싸한 느낌이 들었다. 우리가 빠져나간 자리엔 이름도 예쁜 눈천사 세 명이 생겨났다.

우리는 마당의 눈을 치울 겸 눈사람을 만들기로 했다. 아빠가 눈사람 살을 찌우는

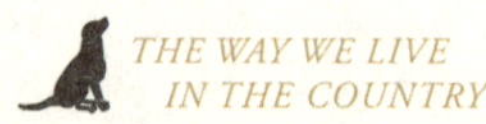

사이 이안이는 어디서 보았는지 눈, 코, 입을 만들 요량으로 마른 나뭇가지를 비틀고 있었다. 덩치 큰 눈사람은 이안이가 만들어준 개성 강한 얼굴을 하고 현관문 앞에 우뚝 섰다. 우리는 오랜 가족처럼 붙어서서 사진을 찍었다. 삼각대 너머로 아로랑 요조는 여전히 술래잡기를 하느라 정신없이 뛰어다녔다.

잠시 후 집 안으로 들어간 남편이 비닐 세 장을 들고 나왔다.

"비닐 썰매다!"

엉덩이가 젖든 말든 우리는 엉덩이에 비닐을 대고 집 옆에 난 둔덕을 미끄러져 내려왔다. 금방이라도 눈이 녹아버릴까 안달 난 사람들처럼 눈 속을 헤집고 다녔다. 햇볕도 적당히 따뜻하던 겨울날이었다.

밤나무 그네

우리 집 마당 오른편엔 커다란 밤나무가 있었다. 아마 집이 지어지기 전부터 그곳에 서 있었던 것 같다. 나무 둥치는 두 팔로 감기 힘들 정도로 굵고, 키는 지붕을 넘어 훌쩍 자라 있었다. 나무는 마치 힘자랑이라도 하듯 한쪽 팔을 주욱 뻗어 내보였는데 어찌나 믿음직스러워 보이던지 우리는 그곳에 굵은 밧줄을 엮어 외줄 그네를 만들었다.

작은 나무판에 엉덩이를 걸치고 밤나무의 굵은 가지에 무한한 신뢰를 보내며 하늘로 날아올랐다. 외줄 그네의 묘미는 역시 어디로 날아갈지 모른다는 것. 몸을 조금만 움찔거려도 뱅글뱅글 알 수 없는 방향으로 날아 허공을 휘저었다. 이안이는 처음엔 조금 무서워하는가 싶더니 나중엔 타잔처럼 그네와 하나가 되었다.

여름에는 비릿한 밤꽃 향기가 그네를 덮었다. 폭포수처럼 쏟아져내리는 밤꽃이 바람을 타다 꽃잎을 모두 떨구니 이내 밤송이가 맺혔다. 선명한 초록색 밤송이를 들여다보면 밤나무가 얼마나 제 열매를 애지중지하는지 알 수 있었다. 밤송이는 아기 때부터 뾰족한 가시를 뒤집어쓰고 있으니 말이다. 우리는 밤나무가 온전히 제 열매를 키우는 동안 그저 바라보기만 했다. 가끔 무성한 이파리 안에 걸려 있는 외줄 그네에 매달리고픈 생각이 들긴 했지만 꾹 참았다.

길고 긴 더위를 지나 길쭉한 밤나무 잎이 바스락해질 즈음이 되면 밤나무는 열심히 밤송이를 바닥에 떨구었다. 마당에 떨어진 밤은 우리가 줍고 집 밖으로 떨어진 밤송이는 지나가는 사람들이 주워갔다. 밤송이를 줍는 재미는 바닷가에서 조개를 캐는 것만큼이나 설레는 일이었다. 이안이는 이른 아침부터 밤을 주워담을 보따리

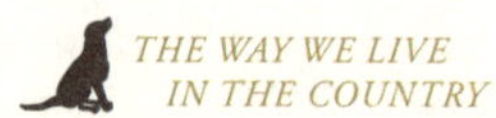

를 들고 우리를 깨웠다. 약 삼 주간의 행복한 밤 줍기가 끝나면 밤나무는 다시금 외줄 그네를 내주었다. 우리는 혹시나 싶어 긴 막대로 남은 밤송이를 모두 떨어내고 외줄 그네에 몸을 실었다. 알싸한 초겨울의 바람이 콧속을 타고 가슴에 퍼졌다. 초록을 감춰버린 마당이 황량해 보였지만 겨울바람은 나름의 차분함을 전해주었다.

소복소복 눈이 내리면 밤나무 굵은 팔뚝에 매달린 외줄 그네 위에도 하얀 눈이 쌓여갔다. 수많은 즐거움을 안겨주던 밤나무도 이젠 겨울잠을 자는구나 하는 생각이 들었다. 마른 나뭇잎 몇 장 몸에 달고 굵은 가지를 찬바람에 내놓고 잠이 든 밤나무는 마치 속 깊은 친구처럼 곁에 있어 좋았다. 아낌없이 주는 나무처럼 무엇이든 내어주니 미안했다. 나무도 추억을 간직하리라 생각했다. 우리가 이 집에 머무는 동안 곁에서 많은 추억을 만들자 이야기했다. 함께 봄바람을 즐겨보자 이야기했다.

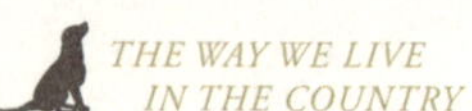

크리스마스

크리스마스가 다가오면 나의 온몸에 아름다운 장식을 달아주세요.
마당 입구에 서 있는 사철나무가 그리 말하는 것 같았다.
11월 중순, 우리는 기다렸다는 듯 각종 오너먼트를 만들어 나무에 달았다.
반짝이는 은방울, 금방울, 초록과 빨강의 조화는 보기만 해도 설레었고
추위를 녹여주기에도 마음을 덥혀주기에도 그만이었다.

스노우 플레이크
만들기 D.I.Y.

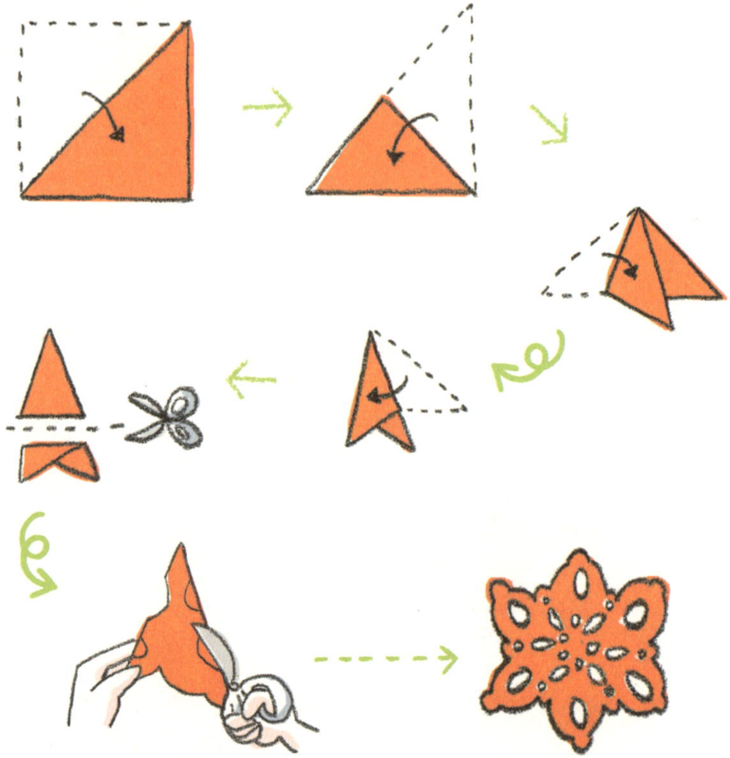

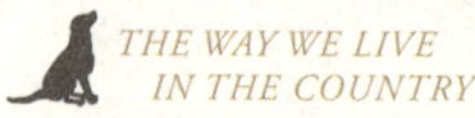

이안아,
생일 축하해!

"뭐든 좋으니 골라봐. 이안이가 생각하기에 뭐가 가장 맛있을지."
생일이면 우리는 특별히 과자파티를 열었다. 평소에 과자 구경하기 힘든 아이에게
원 없이 골라보라 하니 이안이는 좋아서 어쩔 줄 몰라 한다.
"엄마, 이것도 돼?"
"응."
롤 케이크와 생크림, 이안이가 고른 작은 과자와 초콜릿 등이 바구니에 담겼다.
풍선과 초, 평소 안 먹던 이국적인 과일도 담았다. 이안이는 제가 하겠다며 계산
대에 붙어서서 부지런히 물건을 올렸다. 알록달록해진 장바구니는 바라보기만 해
도 설레었다.

집으로 돌아온 우리는 커다란 볼에 생크림을 넣고 신 나게 거품을 냈다. 접시 위에
올려둔 롤 케이크에 생크림을 바르자 이안이가 자신이 고른 과자를 척척 붙였다.
울퉁불퉁 개성만점 케이크에 초를 꽂으니 제법 근사해졌다. 벽에 이안이 얼굴을
그려 붙이고 천장엔 풍선도 매달았더니 파티 분위기가 흘러넘쳤다. 우리는 식구들
(개 두 마리, 고양이 두 마리, 토끼까지 앉혀두니 동물농장이 따로 없었다)을 모두

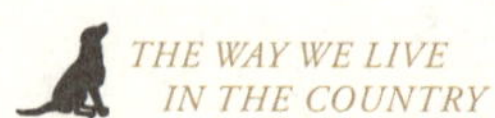

불러모으고 초에 불을 붙였다. 이안이는 너무 좋은 나머지 입이 안 다물어지는 모양이다. 연신 입을 오므리려 애쓰는 모습이 귀여웠다. 왁자지껄한 촛불 점화식을 끝내고 기념사진을 찍고, 준비한 선물을 건네고, 편지도 읽어주었다.

"……이안, 우리 집 마스코트, 언제나 사랑해."

가만히 듣고 있던 이안이의 눈길이 끔뻑끔뻑 주변을 훑는다.

"감동이야……."

"응?"

"감동이라고. 가슴이 울렁울렁해."

'이안아…… 모두 느끼고 있구나.'

마냥 어린아이 같던 이안이가 감동적인 눈빛을 보내니 순간 울컥해졌다.

우리는 흐뭇한 미소를 나누었다. 이안이는 아로랑 요조에게도 케이크를 줘야 한다며 열심히 케이크를 자르기 시작했다. 마당을 내려다보니 알아들었다는 듯 요조가 귀를 번쩍 세우고 있었다. 이안이는 접시에 정성스럽게 담은 케이크를 들고 마당으로 향했다.

방 안은 방문객이 백 명은 다녀간 듯 난장판이었지만 행복함이 가득 흘러넘쳤다.

"청소는 내일 하자."

아빠가 말했다.

"그래!"

"내일!"

우리는 그렇게 파티장에서 뒹굴거리며 과자도 먹고, 과일도 먹고, 노래도 부르고, 춤도 추다 지쳐서 잠이 들었다. 그날은 이도 닦지 않았다.

하하. 특별한 날이었으니까.

happy birthday to ian
2009. 3. 2.

이안아 ~ 너의 일곱번째 생일을 엄마가 많이많이 축하해. 엄마는 늘 이안이가 웃는 얼굴을 보면 마음속에서 기쁨이 송글송글 차오른단다. 엄마아빠 재미있게 해주는 이안이. 그림으로 마음속 이야기들을 너무나 잘 표현하는 이안이. 노래도 잘 지어 부르는 이안이. 엄마 아빠한테 운동도 잘 가르쳐주는 이안이. 친구들과도 재미나게 지내고 선생님 말씀도 잘 듣고 사랑도 많이 받는 이안이가 엄마는 늘 자랑스러워. 지금까지 예쁘게 잘 자라줬것처럼 앞으로도 엄마아빠랑 재미있게 하루하루 사랑하며 살자♡
HAPPY Birthday
IAN.
이안아 일곱번째 생일을 정말로 축하해.
요즘 아빠하고 매일 티격태격 하며 싸울정도로 이안이가 많이 자란것 같구나. 아빠는 가끔 이안이가 학교가는 언니 오빠처럼 지린줄알고 착각 하기도해 아직 어린데도, 앞으로는 더욱 사랑하고 서로를 아낄수 있도록 하자. 사랑해 우리딸 이안! 생일 축하해!!!
아빠가 2012. 3. 2.
우리 딸이 최고 랍니다!
앗!다람쥐. 다람쥐. 다람쥐.....
이 안 아 사 랑 해
♡뽀뽀뽀!!! 엄마가
×10000..........

아이에게 쓴 편지 LETTER

매년 아이의 생일이 되면 편지를 쓴다. 칭찬하고 싶은 일들,
해주고 싶었던 말들, 사랑하는 마음을 담아서. 쓰다 보면 늘
눈물이 난다. 언제 이렇게 많이 컸지? 아이가 대견하고 나
또한 대견한 마음이 들어서.

이안이에게

"사랑하는 이안아! 너의 여섯번째 생일을 축하해."
이안이가 태어나던 날 "아앙아앙~"하고 울던 모습이 생각나는구나.
아주작고 귀여운 이안이는 울고있었지만 엄마아빠는 그 모습이
무척 예뻐벗여서 아냥 웃기만 했었어. 아기때부터이안이는 그림 그리는
것을 많이 좋아했지. 커다란 기저귀를 차고 아빠가 만들어준
칠판에 열심히 그림을 그리던 모습이 생각난다. 엄마는 그 그림들을
한장한장 모두 모아 두었단다. 나중에 이안이가 크면 보여주려고.
엄마아빠랑 같이 그 그림들을 들여다보며 이야기 나누면 정말
즐거울 것 같아. 우리 꼭 그렇게 하자.
이안아~. 이안이는 항상 "나를 공주라고 불러야되요. 그럼.
아빠는 왕이고, 엄마는 왕비!' 라고 말하지. 그럼그럼. 이안이는
언제까지나 엄마아빠의 하나뿐인 공주님이야. 이안이가 눈을
숙여 노래를 부르는 모습은 정말 예뻐. 아빠 엄마를 도와서
청소도 하고, 요리도 하고, 운동도 열심히 하는 모습도 그렇구.
무엇보다 아빠엄마가 하는 이야기를 열심히 듣는 모습을 반면
다 큰 어른같다는 생각이 들때도 있단다. 그런 이안이처럼
엄마아빠도 언제나 이안이의 이야기를 귀기울여 들어줄께.
우리 언제까지나 재잘재잘 이야기 나누며 살자구나.
마지막으로. 이안이의 여섯번째 생일을 엄마아빠가
많이많이 축하해. 그리고 사랑해~.

illustration by Ian

┊ 신나는 댄스타임

음악을 크게 틀어놓고 춤을 춘다.

하루는 디스코 음악에 맞춰
하루는 로큰롤 음악에 맞춰
하루는 왈츠에 맞춰 춤을 춘다.

탭댄스를 춘다 한들 누가 뭐랄 것 없는 우리 집.
어찌 사랑하지 않을쏘냐.

illustration by Ian

| 대보름 달맞이

거실에 커다란 요를 펼쳐두고 아이와 함께 뒹굴뒹굴. 저녁의 한가함을 온몸으로 즐기고 있노라면 마당 왼편에 보이는 커다란 상수리나무숲 너머로 어김없이 달이 떠올랐다. 이 집으로 이사를 온 후 거의 매일 달을 보며 살았던 탓인지 이안인 도심 속 높은 빌딩 사이에서도 금세 달을 찾아낸다. 어떻게 그렇게 잘 찾느냐 물으면 "당연히 밤이 되었으니 하늘에서 달을 찾아보는 거지. 깜깜하니까 잘 보이잖아." 하고 대답한다.

그러고 보니 그렇다. 달은 어디 가지 않으니까. 구름이 가리지 않는 이상 밤하늘 어딘가엔 항상 달이 떠 있으니까.

정월 대보름이 가까워져 오자 마을 입구에 커다란 현수막이 붙었다.
'대보름 한마당 잔치'
아이와 함께 손꼽아 기다린 잔칫날. 집까지 들려오는 풍악소리를 따라가보니 넓은 논두렁 위에 말 그대로 잔치가 벌어지고 있었다. 상모를 쓴 아주머니와 아저씨들이 꽹과리를 치며 논두렁을 달리고, 장정들은 밧줄을 잡고 줄다리기에 힘을 쏟고

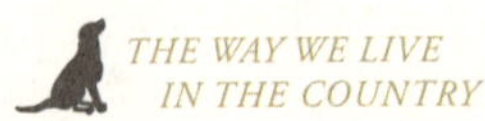

있었다. 아이들은 공인된 불놀이에 흠뻑 빠져 마치 불과 함께 날아갈 듯 보였다.
이안이는 모든 게 신기한 듯 대보름 잔치 구경에 여념이 없었다.

삼색 깃발이 흩날리는 하늘엔 어느새 커다란 달이 떠올랐다.
대보름의 하이라이트는 역시나 달맞이. 마을 어른들이 만들어놓은 커다란 나무 단
의 한쪽 귀퉁이에 불을 붙이자 불길은 이내 달빛만큼 환해졌다. 울긋불긋 열기가
닿자 추위에 얼었던 몸이 사르륵 녹는 듯했다.
시끌벅적하던 주위는 고요해지고 모두들 말없이 불빛을 응시하면서 커다란 달을
바라보았다. 휘영청 둥근 달은 무슨 고민이든 어떠한 바람이든 모두 말하라는 듯
온화하게 우리를 내려다보았다. 검은 밤하늘과 하얀 달빛, 춤추던 노란 불꽃, 편안
해진 아이의 얼굴이 눈에 들어왔다.

평화로운 밤이었다.
나는 커다란 달을 바라보며 이렇게 평화롭고 행복한 마음이 내일도 모레도 이어
지길 기도했다.

illustration by Ian

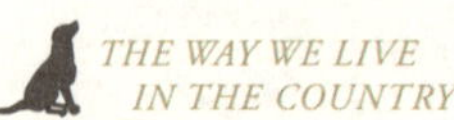

자연 속에 아이가 있다.
때로는 정적과 고요함이 흐르고
때로는 커다란 웃음과 몸짓이 흐른다.
그 모습을 천천히 바라본다.
나는 안다.
아이가 진심으로 느끼는 것만이
오롯이 아이 것이 된다는 것을.
그리고 그것이 아이에겐
살아가는 힘이 된다는 것을.